빌드업 스쿨

교사학생의
효과적 의사소통

육성필 신민영
노미애 이건희

Buildup School

박영story

발 행 인: 유승지

발 행 처: 서울상담심리대학원대학교 마음건강연구소

집   필: 육성필, 노미애, 신민영, 이건희

행정지원: 현치주

연구지원 및 자료수집: 김애희, 황규진

본 교육안에 수록된 사례는 사례 경험자의 동의를 얻어, 일부 내용을 변형 가공하여 사용하였음을 밝힙니다.

감사의 글

서울상담대학원대학교에 마음건강연구소를 개소하고 첫 프로젝트로 의사소통증진 프로그램을 개발할 수 있도록 발전방향과 실행에 대한 적극적인 지원과 조언을 해주신 학교법인 용문학원 유승지 이사장님과 현일선 상근이사님께 감사드린다. 또한 의사소통증진프로그램 개발에 함께해 주신 노미애 연구원, 신민영 교수, 이건희 교수, 김애희 연구조교, 황규진 연구조교에게도 깊은 감사를 드린다.

들어가며

서울상담심리대학원대학교 마음건강연구소의 교사학생 의사소통증진프로그램은 학교현장에서 학생들의 성장과 발전을 위해 고생하고 계시는 선생님들께 도움이 되었으면 하는 마음으로 개발하게 되었다, 지금도 현장에 계시는 선생님은 교사와 학생이라는 관계를 기반으로 하여 학교에서 학생들과 함께 생활하면서 성장하고 발달해 가는 학생들을 보면서 큰 성취감과 만족을 얻고 계시리라 믿는다. 대부분의 학생들은 자신의 목적과 꿈을 이루기 위해 힘들고 어렵기는 하지만 학교생활을 하고 있다. 하지만 그중에 어떤 학생들은 성적, 교우관계, 가정문제 등으로 인해 크고 작은 어려움을 경험하고 학교생활에 부적응하기도 한다. 교사를 천직으로 알고 계시는 선생님들이 열정과 희생으로 지치고 힘들어하는 학생들이 용기를 잃지 않고 사회의 일원으로 훌륭하게 성장해나갈 수 있도록 애쓰시는 노력에 항상 감사드린다. 이번에 기획한 교사학생 의사소통증진프로그램은 교육현장에서 애쓰시는 선생님들께 심리상담을 연구하는 전문가로서 조금이라도 학교운영과 학생관리에 도움이 되었으면 하는 마음으로 준비하게 되었다.

그동안 학교 현장에서 고생하시는 선생님과 학생들을 도와주기 위하여 교육부 등 관련기관에서는 다양한 노력을 하였고 그중 하나로 Wee클래스 상담교사와 상담사 등 상담체계를 구축하였다. 실제 어려움을 경험하는 학생들이 큰 도움을 받고 있다. 하지만 아직도 주변 사람들의 시선을 의식하거나 자신의 어려움을 이야기해야 한다는 부담 등으로 인해 상담받는 것을 부담스러워하는 학생들이 있다. 이로 인해 스트레스가 심하거나 위기의 순간에 효과적인 도움을 받지 못하는 학생이 발생하여 고통의 시간을 보내는 경우가 있다.

교사학생 의사소통증진프로그램을 개발한 연구팀은 학생들의 심리상담에 대한 불편함을 제거하고 기존의 구축되어 있는 학생을 위한 상담을 활성화할 수 있는 방법에 대해 고민하였다. 여러 번의 회의와 논의 결과 학교에서 가장 가까운 거리에 있고 매일매일을 함께하고 있는 교사와 학생 사이의 의사소통이 활성화된다면 교사가 어려운 상황에 처한 학생을 조기에 발견하는 것이 가능할 것이라는 결론을 얻었다. 이러한 결론에 기초하여 교사학생 의사소통 증진을 주제로 설정하고 개발을 위한 연구를 하였다.

이러한 노력을 통해 개발한 교사학생 의사소통증진프로그램의 내용은 1강 한국의 교육 현실과 교사의 자기이해, 2강 청소년기의 이해, 3강 의사소통의 실제 I – 너의 마음 듣기, 4강 의사소통의 실제 II – 나의 마음 말하기로 구성하였다. 교육의 구성과 진행은 선생님들이 교육내용을 수월하게 이해할 수 있도록 돕기 위해 이론에 기반한 교육이 아니라 사례, 영상 등으로 구성하였다.

이번에 개발한 교사학생 의사소통증진프로그램을 통하여 교사의 의사소통능력이 증진된다면 효과적인 학생관리가 가능할 것으로 생각한다. 또한 이를 통하여 교사와 학생이 서로 공감하고 함께하는 학교를 만드는 데 도움이 될 것으로 기대한다. 심리상담적인 측면에서 교사학생 의사소통증진프로그램에서 얻은 효과적인 의사소통을 통하여 일차적으로 교사가 어려움을 경험하고 있는 학생을 확인하는 것이 가능할 것이다. 동시에 의사소통을 통하여 학교현장에서 초기에 가장 필요한 상담과 도움을 제공한 후 보다 체계적이고 전문적인 심리상담이 필요한 경우에는 전문적인 심리상담을 받을 수 있는 전문기관이나 전문가에게 의뢰하는 것을 교사의 역할로 설정하고 있다. 심리상담 경험과 관련 전문성을 갖춘 선생님은 심리상담을 제공하는 것이 가능할 수 있지만, 이미 교과목 강의와 학생관리로 힘든 소진상태에 이른 선생님들이 심리상담까지 담당하는 것은 매우 무리한 요구일 수 있다. 따라서 교육을 받으신 선생님들께서 어려움을 경험하는 학생을 조기에 발견하고 초기에 필요한 도움을 제공한 후 추가적인 도움이 필요한 경우 적절한 의뢰를 해주셨으면 한다. 이러한 선생님들의 초기 의사소통을 통해 어려움을 경험하고 있는 학생에 대한 체계적인 관리가 가능하다면 학교 내 정신건강 증진 안전망을 구축하는 데 수립하는 데 도움이 될 것이라 생각한다.

2023. 12

서울상담심리대학원대학교 마음건강연구소

CONTENTS

1강

한국의 교육 현실과 교사의 자기이해

2강

청소년기의 이해

3강

의사소통의 실제 Ⅰ - 너의 마음 듣기

● CONTENTS

4강

의사소통의 실제 Ⅱ - 나의 마음 말하기

빌드업 스쿨: 교사학생의 효과적 의사소통

1강

한국의 교육 현실과
교사의 자기이해

서울상담심리대학원대학교 마음건강연구소

1강 – 한국의 교육 현실과 교사의 자기이해

I 교사의 현실

교사는 일정한 자격을 가지고 학생들을 가르치는 사람이다. 교육의 아버지 페스탈로치(Pestalozzi)는 교사는 학생들을 사랑으로 대하며 학생들에게 진리와 개성과 꿈을 불어넣어 주는 사람이라고 말했다(조화섭, 2017). 예로부터, 우리나라는 '군사부일체(君師父一體)'라 하여 교사의 지위와 가르침을 존중하고, '스승의 그림자는 밟지 않는다'는 말이 있을 정도로 교사는 직업인 이상의 존경하는 선생(先生)으로 여겨졌다. 실제 교육현장에서 교사를 살펴보면, 대부분의 교사는 이러한 경구들이 존재하는 이유를 알 수 있을 정도로 학생들을 사랑으로 보살피고 양질의 가르침을 전하기 위해 헌신하고 있다.

그러나, 급변하는 현대 사회 속에서 교육환경은 변화하였고 이에 따른 교사의 현실도 변화하였다. 교사는 학생들을 교육하는 시간 외에 행정업무 등 과중한 직무요구로 시달리고 있고(연합뉴스, 2021.05.18), 학교 내 교사 간 갈등이나 폐쇄적 학교 문화(이희현, 허주, 김소아, 김종민, 정바울, 오상아, 2017)로 스트레스를 받고 있다. 뿐만 아니라, 교사학생 간 의사소통의 어려움으로 인해 생활지도의 어려움(매일신문, 2022.06.07), 학생 및 학부모의 민원(연합뉴스, 2021.05.18)과 학교폭력 문제(KBS, 2022.06.30) 등으로 소진상태

를 경험하거나 퇴직을 고려하는 경우도 있다(김정휘, 백영승, 이재일, 1995). 특히, 최근
연구들에 의하면 의사소통이 안 되면, 관계에서 스트레스를 증가시켜 교사의 소진을
일으키는 데 기여하는 것으로 보고되고 있다(박혜정, 2016; 박은아, 김은하, 2016; Frank, A.
R., & McKenzie, R., 1993).

표 1 　교사 직무 스트레스 수준

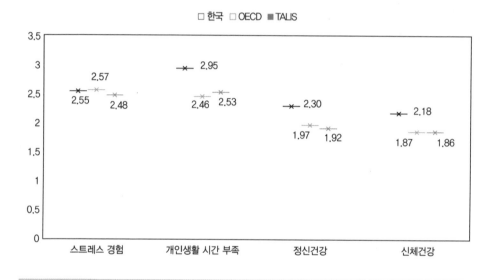

표 1: 한국교육개발원이 공개한 '교원 및 교직 환경 국제비교 연구, TALIS 2018 결
과를 중심으로(Ⅱ)'를 보면 한국 중학교 교사의 직무 스트레스는 4점 만점에 2.55점(점
수가 높을수록 스트레스 수준 높음)이다. 개인생활 시간이 부족한지 묻는 조사와 교직이 정
신적, 신체적 건강에 부정적인 영향을 미친다는 인식수준은 OECD 평균과 TALIS(경제
협력 개발기구의 주관하에 수행되는 교수–학습 국제조사) 평균보다 높은 결과이다. (출처: 연합뉴
스, 2021.05.18.)

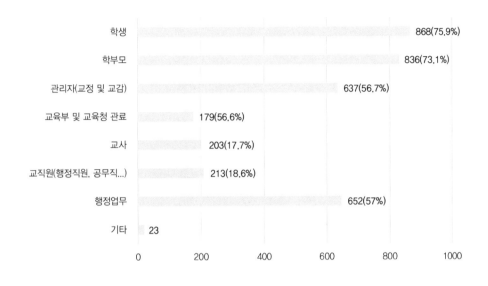

표 2	교사의 스트레스 대상

학생 868(75.9%)
학부모 836(73.1%)
관리자(교정 및 교감) 637(56.7%)
교육부 및 교육청 관료 179(56.6%)
교사 203(17.7%)
교직원(행정직원, 공무직...) 213(18.6%)
행정업무 652(57%)
기타 23

표 2: 교직 스트레스 원인(최대 4개 복수응답)으로는 학생이 75.9%고 가장 높았다. 다음으로 학부모 73.1%, 행정업무 57%, 관리자(교장, 교감) 55.6%, 교직원(행정직원, 공무직 등) 18.6% 등 순으로 나타났다. (출처: 매일신문, 2022.06.07)

지피지기면 백전불패(百戰不殆)라는 고사성어가 있다. 이는 나를 알고 상대를 알면 모든 전투에서 패배하지 않는다는 의미다. 즉, 교사가 학교 상황에서 학생들과 원활한 의사소통을 하기 위해서는 학생들을 이해하는 것도 중요하고, 동시에 교사 자신의 특성을 이해하는 것도 중요하다. 교사가 자신의 특성을 심도 있게 이해하면 스트레스가 감소하고, 스트레스가 감소하면 심리적 에너지가 충전되면서 학생과 의사소통할 에너지가 증가한다. 따라서 본 교육의 본 차시에서는 교사와 학생 간 원활한 의사소통을 위해 상호이해를 높여 스트레스를 감소시키는 심리학적 지혜를 소개하고자 한다.

Ⅱ 교사학생 간 상호이해와 스트레스 감소를 위한 심리학적 해법

1 교사 역할의 특수성(특별한 어려움) 이해

1) 교직은 전문직으로 자율성을 갖고 있다.

교사는 고도의 지식과 전문성을 바탕으로 그 직무를 수행함에 있어 교사의 자격 기준에 맞는 자율성을 갖고 있다(김옥예, 2006; 성희창, 2020; 유지선, 임효진, 2022). 자율성은 전문직 종사자의 직무 특성으로 교사가 자율성을 잃으면 노동자로 전락할 수 있다. 따라서 교사는 자율성 유지를 위한 전문성 향상에 부단히 노력해야 한다. 뿐만 아니라, 교육 행정가는 교사의 자율성을 보장하고 교사의 의견을 수용하고 교권을 존중하는 등 개방적 학교 풍토를 지향할 필요가 있다.

2) 교사는 학생을 대상으로 교육만이 아니라 생활지도(상담) 및 의사소통을 하는 직업이다.

교사는 학생을 대상으로 지적인 교육만을 하는 것이 아니라, 지덕체(智德體)를 포함하는 전인적(全人的) 발달에 영향을 끼치고 조력하는 사람이다(서동명, 2008; 이해진, 송태옥, 2013). 따라서 교사는 교수-학습 활동만을 하는 것이 아니라, 상담과 생활지도를 포함하는 여러 역할을 수행한다. 그런데 이런 역할을 구체적으로 살펴보면, 매우 다른 특성의 역할을 동시에 수행하는 것을 알 수 있다.

풀어서 설명하면, 교사가 수행하는 역할 중 교육과 자문(consulting: 교사가 전문적으로 조언해주는 진로상담 등의 활동)은 말하기 위주의 활동에 해당한다면, 상담(counseling)은 듣기 위주의 활동이다. 이는 인간에 대한 상호작용에서 서로 다른 방향의 역할을 하는 것으로 실제로 이 교육현장에서 두 가지 활동을 동시에 수행하는 것은 쉽지 않은 일이다. 특히 교사의 의사소통 과정은 듣고 말하는 과정이 모두 포함되는 상호작용으로, 고도의 전문성이 필요한데, 교사는 학생들의 전인적 발달을 촉진하기 위해 이 모든 과정을 수행해야 한다.

3) 교사는 성인이 아닌 미성년자(미성숙자)의 행동 변화에 영향을 주는 활동이다.

성인 대상의 교육 활동은 대체로 참여자의 자발성을 전제로 한다. 그러나 대부분의 학생은 의무 교육 상황에서 교수-학습 활동을 해야 하는 상황으로 자발성이 전제되어 있지 않다. 뿐만 아니라, 청소년기의 학생들은 신체적으로는 성숙하나 심리적으로는 미성숙한 상태로 과도기적 심리상태를 가진 대상이다(김갑숙, 전영숙, 이철우, 2009; 최성환, 최해연, 2014). 교사는 이러한 미성숙하고 불안정한 학생들을 대상으로 동기를 부여하고 행동 변화를 이끌어내야 하는 특수성을 지닌 직업이다. 성인의 학습은 자발성의 영향을 많이 받는 반면, 미성숙한 학생들의 학습은 교사와의 관계의 질에 좌우되기 쉽다(김남희, 김종백, 2011; 김현진, 2017; 김희정, 2015; 방상옥, 임신일, 2022). 학교에서 학생들이 좋아하는 선생님의 과목 성적이 향상되는 것은 이런 특수성을 드러내는 대표적 예이다. 따라서 교사는 교수-학습과 생활지도의 모든 역할 수행을 위해 학생들과 좋은 관계를 맺는 것이 매우 중요하며 이 관계 맺기의 밑바탕을 이루는 것이 원활한 의사소통이다.

4) 이중관계의 가능성

상담에서의 이중관계는 상담교사와 교사의 역할에 차이가 있어서 학생에게 혼란을 줄 수 있고, 상담교사는 학생과의 관계에서 객관성을 유지하기 어렵기 때문에 상담결과에 부정적인 영향을 미칠 수 있다(연문희, 강진령, 2002; 김도희, 지경예, 김희정, 2021; 허난설, 이지향, 2019). 따라서, 교육현장에서 교사가 학생들을 상담하고 생활지도를 할 때는 개입을 위한 적정 한계를 유지할 필요가 있다. 적응상의 문제가 있어 심리치료적 접근이 필요한 학생들의 상담은 전담 상담교사에게 의뢰(refer)하고 교사는 대부분의 적응적 학생들에게 인간중심적 태도를 유지하며 교육하고 의사소통하는 것이 바람직하다.

그림 1   심리치료, 상담 및 의사소통, 생활지도의 관계

2 유능한 교사의 본성에 대한 이해(칼 로저스-충분히 기능하는 인간)

칼 로저스(Carl Rogers)는 인간중심상담(Person−centered psychotherapy and counseling)의 창시자로 '현대 상담 심리학의 아버지'로 불릴 만큼 상담심리학의 역사에 큰 기여를 한 인물이다(Thorne, Brian, 2007). 그의 인간에 대한 이해는 상담뿐만 아니라 의료, 복지, 종교, 교육 등 사회 전반의 여러 활동에 영향을 끼쳤다. 특히 교육현장에 크게 적용되고 연구되었는데, 이후 여러 보고들을 통해 교육현장이 개선된 결과와 유능한 교사는 충분히 기능하는 인간(Fully functioning person)[1]임을 밝혔다(송종순, 박재연, 2021; 황인호, 장성화, 2012).

구체적 내용을 살펴보면, 플로라 로벅(Flora Roebuck)과 데이비스 애스피(David Aspy)는 초등학교부터 고등학교까지 600명의 교사와 1만여 명의 학생을 대상으로 공감, 일치성 및 긍정적 존중을 포함하는 인간중심적 태도를 훈련받은 교사들의 제자들과 그렇지 않은 통제집단을 비교하였다. 그 연구 결과는 다음과 같다(연문희, 2011).

---

1) 충분히 기능하는 인간(a fully−functioning person)은 칼 로저스(Carl Rogers)가 주장한 효율적 인간의 특성이다. 이런 인간은 유기체적 잠재력 실현 경향을 자유롭게 발휘하는 최적의 심리적 성장을 경험한 사람이다. 로저스에 의하면 이런 인간은 자신의 경험에 대해 개방적이어서 있는 그대로의 상대방이나 상황을 수용할 수 있고, 지금 여기에서 존재하여 순간순간을 유감없이 살아가는 특성을 갖고 있다. 그는 자기 자신을 신뢰하고 부단히 향상시키는 진솔한 사람이다. 또한 그는 촉진자적 역할을 해야 하는 대인관계에서 '무조건적 긍정적 존중', '공감적 이해', '일치성'의 특성을 드러낸다. 이런 인간상은 인간적 성장의 종점에 해당하는 것으로 매슬로의 '자기실현인' 개념과 유사하다(연문희, 강진령, 2002; 연문희, 2007).

1. 인간중심적 태도를 훈련받은 교사들의 학생들의 결석일수가 연중 4일 더 적다.
2. 인간중심적 태도를 훈련받은 교사들의 학생들은 보다 더 긍정적인 자기개념을 나타내는 자기개념 측정점수가 향상되었다.
3. 인간중심적 태도를 훈련받은 교사들의 학생들은 수학과 읽기 성적을 포함한 학업성적 검사에서 더 큰 향상이 있었다.
4. 학생중심적인 교실의 학생들은 규율문제나 학교 기물파괴의 숫자가 줄어들었다.
5. 인간중심적 태도를 훈련받은 교사들의 학생들은 보다 더 자발적이고 높은 수준의 사고를 한다.

한편, 안네 마리 타우쉬(Anne-Marie Tausch)는 독일에서 그의 동료들과 함께 인간중심적 태도를 훈련받은 교사가 학생들과 관계 맺기를 실천한 집단을 통제집단과 비교하였다. 그 연구 결과는 다음과 같다(연문희, 2002).

1. 인간중심적 태도를 훈련받은 교사가 학생들과 관계 맺기를 실천한 집단이 더 많은 학생이 발언한다.
2. 인간중심적 태도를 훈련받은 교사가 학생들과 관계 맺기를 실천한 집단이 인간관계에서 붙임성이 증가한다.
3. 인간중심적 태도를 훈련받은 교사가 학생들과 관계 맺기를 실천한 집단의 교사에게서 언어적인 반응이 더 많다.
4. 인간중심적 태도를 훈련받은 교사가 학생들과 관계 맺기를 실천한 집단이 교사와 시선의 접촉이 더 잦아진다.
5. 인간중심적 태도를 훈련받은 교사가 학생들과 관계 맺기를 실천한 집단의 창의력이 더 높아진다.
6. 인간중심적 태도를 훈련받은 교사가 학생들과 관계 맺기를 실천한 집단의 더 많은 학생이 문제를 푼다.
7. 인간중심적 태도를 훈련받은 교사가 학생들과 관계 맺기를 실천한 집단이 학습에 더 많이 참여한다.
8. 인간중심적 태도를 훈련받은 교사가 학생들과 관계 맺기를 실천한 집단이 질문

을 더 많이 한다.
9. 인간중심적 태도를 훈련받은 교사가 학생들과 관계 맺기를 실천한 집단이 신체
   적인 움직임이 더 많다.

이러한 연구 결과물들을 종합해 볼 때, 본 교육은 유능한 교사의 본성을 칼 로저스
가 제시한 충분히 기능하는 인간상과 맥락을 같이한다고 보고, 이러한 인간의 태도인
무조건적 긍정적 존중, 공감적 이해, 진실성을 바탕으로 유능한 교사의 본성을 설명
하고자 한다.

1) 무조건적 긍정적 존중(Unconditional positive acceptance)

유능한 교사는 학생을 포함하는 모든 인간에 대한 깊은 존중감을 갖고 있다. 인간
을 무조건적 가치를 지닌 존재로 보고 잠재력 실현 경향성을 갖고 있다고 생각한다.
현재 어떤 현상학적 모습을 보여주든지 그것은 학생이 처한 상황에서는 그런 모습으
로 성장한 것이 최선의 모습이라는 긍정적 인식을 갖고 있다. 따라서 교사는 학생의
현재의 상황과 행동은 물론이고 존재 자체를 수용하는데, 이는 "사랑이 우리 모두를
구원할 것이다(Love can redeem us all)"는 고전적 생각을 현대식으로 옮겨놓은 말이라
는 데 많은 심리학자들이 동의한다(Gleitman, H., 1992).

| 그림 2 | 칼 로저스의 이론을 이해하기 위한 비유 |

그림 2: 어느 콩이 제일 잘 자란 콩인가? A, B, C 모두 잘 자란 콩이다. 각자가 처한 상황에서 최선의 잠재력을 실현한 것이라는 것이 칼 로저스의 관점이다.

2) 공감적 이해(Empathic understanding)

유능한 교사는 학생을 이해하기 위해 학생의 입장이 되어 생각하고 느끼려 노력한다. 이것은 "나는 네게 문제가 있다는 것을 이해한다"는 식의 평가적 이해와는 다르다. 공감적 이해가 있을 때 학생의 반응은 다음과 같다. "선생님이 나를 평가하거나 판단하지 않고 있는 그대로 내 감정을 이해해 주는구나. 이제 나는 이 선생님을 믿고 따르며 배울 수 있겠다." 이런 이해는 학생이 말로 표현하는 표면적 내용 이면의 상황적·감정적 의미까지 포함하는 이해로 학생의 비언어적 표현까지 총합하여 이해하는 것을 말한다.

사례 1   C·A·S·E

강남 8학군의 중학교 영어교사 B씨는 00학생이 계속해서 숙제를 해오지 않고 수업 시간에 내내 엎드려 있는 등 학습 태도가 좋지 않은 것 때문에 마음이 쓰였다. 더군다나 부쩍 낯빛이 어둡고 옷차림도 단정하지 못해 도움이 필요한 것이 아닌지 살피고 있었다. 하루는 00학생의 반 담임 선생님께 00이의 근황에 대해 물어보았는데, 학급에서도 학습 태도가 좋지 않아 선생님 역시 걱정을 하고 있다는 말을 들었다. 그리고 반 학생들과 잦은 갈등으로 '미운 0'이라는 별명으로 불리고 있다는 것도 알게 되었다. 그러던 어느 날 B씨는 우연히 방과 후 00이와 마주쳐 대화할 시간을 갖게 되었다. 함께 간식을 먹자며 함께 시간을 보내던 중, 00이의 아버지가 최근 사업에 실패하시고 엄마가 파출부 일을 하시게 되었다는 사실을 알게 되었다. B교사는 자신도 어린 시절 비슷한 경험이 있었기에 00이의 마음을 00이의 입장에서 이해할 수 있었다. 00이의 힘듦과 창피함 등을 이해할 수 있었기에 00이의 이야기를 조용히 들어줄 뿐, 어떤 조언이나 충고도 하지 않았다. "숙제 도와주는 사람이 없어서 어려운 숙제는 하기가 힘들었겠네…"라며 이해해 주었다. 그리고 다만 "또 간식 먹고 싶으면 선생님 보러 오렴"

이란 말과 함께 남은 간식을 싸주었다. 이후 OO이는 수업시간에 엎드려 있지 않았고, 어려운 숙제는 여전히 못해 왔지만 쉬운 숙제는 해오는 날이 늘었다. 한 달 후 어느 날 OO이는 B씨에게 찾아와 수줍은 얼굴로 '어제 엄마가 쉬는 날이라 만들어 준 것'이 라며 은박 호일에 싼 작은 도넛 하나를 건네고 웃으며 하교하였다.

(출처: 교사 R의 사례 중 요약 인용)

3) 진실성(Genuineness)

교사가 인간적으로 진실할 때, 가식 없이 진솔한 인간관계를 맺을 때 교사와 학생 간의 의사소통은 증가한다. 교사는 학생들과 함께할 때, 열정적일 수도 있고 다정다 감할 수도 있으나 섭섭함을 느낄 수도 있고 화가 날 수도 있다. 교사는 본질적으로 학생들을 인간적으로 존중하고 사랑하기에 자신의 감정에 대해서도 솔직할 수 있으 며, 학생들 앞에서 인간적 한계를 인정할 수도 있다. 교사의 이런 진실한 태도는 학생 들과의 관계에 활력을 불어넣고, 문제 상황에서는 창의적으로 문제를 해결할 수 있게 하는 단초가 되기도 한다.

사례 2 ▶   C·A·S·E

고등학교 사회교사 D씨는 최근 개인적인 집안 사정으로 힘든 상황에 있었다. 그러 나 D씨는 평소 교사 생활에 충실하고 학생들과 관계가 좋으며 열정적으로 수업을 하 는지라 수업 중에는 힘든 내색을 하지 않았다. 하루는 담임을 맡고 있는 2학년 0반 교실에 들어갔는데, 그날따라 학생들이 수업 준비도 덜 되고 집중도 잘하지 않았다. 평소 학생들을 웃으며 대하고 밝은 에너지를 주는 D씨였지만, 그날은 힘도 들고 학생 들에게 짜증도 났다. 그래서 수업을 시작하며 학생들에게 말하기를 "애들아, 선생님이 요즘 개인적으로 좀 힘든 일이 있어. 그래서인지 간밤에 아팠고 아직도 열이 좀 나네, 너희들도 그럴 때가 있잖니? 그래서 말인데, 선생님이 오늘 좀 많이 힘들고 사소한 일에도 짜증이 나려고 하네... 그러니 너희들이 오늘 수업을 좀 더 집중해서 듣고, 선생님을 도와주었으면 좋겠구나." 진실하게 자신의 감정을 표현한 D씨는 그날 학생들과 매우 좋은 상호작용을 하며 열정적으로 수업을 끝냈다. 그리고 무사히 일과를 마치고 종례 후 교무실로 돌아왔다. '휴'하는 안도의 한숨과 함께 책상 앞에 앉는 순간, 수북히 쌓인 학생들의 손편지들과 초코파이를 발견하였다. 편지의 내용은 이러했다. "선생님, 어떤 힘든 일이 있으신지는 모르지만 오늘 아프신데도 열심히 가르쳐 주셔서 감사해요. 드시고 힘내세요."

(출처: 교사 R의 사례 중 요약 인용)

③ 교사의 자기이해

대상관계 심리학(Object relations psychology)에 의하면, 자기 자신을 대하는 심리적 도식으로 타인을 대하게 되어 있다(Hamilton, N. Gregory, 2007). 이를 교사와 학생의 관계에 도입해 보면, 교사가 교사 자신을 이해하는 방식으로 학생을 이해할 가능성이 있고, 이런 이해는 관계 맺기와 의사소통의 밑바탕이 된다고 할 수 있다. 이런 관점에서 교사가 자기이해를 높이는 것은 원활한 의사소통과 스트레스 감소를 위한 기초작업으로 의미 있는 과정이라 할 것이다. 자기이해를 위해 심리학에서 널리 활용되고 있는 개념으로는 '조하리의 창'이라는 보편성과 수월성을 지닌 개념 틀이 있다. 본 교육은 이 개념 틀에 기반하여 자기이해를 높이는 방법을 소개하고자 한다.

조하리의 창(Johari's windows)은 미국의 심리학자 조셉 루프트(Joseph Luft)와 해리 잉햄(Harry Ingham)이 1995년에 창안한 개념으로 '조하리'는 이들의 이름을 합친 것이다. 그들은 대인관계에서 자신이 어떻게 보이는지와 어떤 성향을 가지고 있는지를 알 수 있도록 하기 위해 마음을 창문에 비유하여 모델을 만들었다(Luft, J., & Ingham, H., 1955). 일명 '마음의 창', '마음의 4가지 창'이라고도 불리는 이 모델은 '대인관계능력 강화'를 위한 교육과 컨설팅 현장에서 많이 활용되고 있는데, 구체적 내용은 다음과 같다.

그림 3　조하리의 창(Johiri's window)

　조하리의 창은 총 4개의 부분으로 이루어져 있다. 모든 창문에는 생각(Though), 감정(feeling), 행동(behavior), 경험(experience), 동기(motivation) 등이 들어있고 창문의 가로축은 자신이 아는 부분과 모르는 부분, 세로축은 타인에게 알려진 부분과 타인에게 알려지지 않은 부분으로 구성되어 있다. 이 모델에 따르면 모든 사람의 마음은 총 4개의 부분을 모두 가지고 있지만 사람의 성향에 따라 각각 다르게 나타난다. 따라서 대인관계에서 자기가 어떻게 하는지에 대한 각 부분들의 크기를 알면 자신의 성향을 이해하는 데 도움이 될 수 있다.

　구체적으로 각각의 마음의 창을 살펴보면, 내가 알고 남도 아는 부분(Open – 공개 영역), 나는 알지만 남은 모르는 부분(Hidden – 비밀 영역), 나는 모르지만 남은 아는 부분(Blind – 맹목 영역), 나도 남도 모르는 부분(Unknown – 미지 영역)으로 구성되어 있다. 실제 상담과 교육현장에서 대인관계와 의사소통에서 어려움을 호소하는 사람들은 자신의 맹목 영역을 잘 모르는 경우가 많다. 그런 이유로 '내 마음은 그렇지 않은데 다른 사람이 나를 오해해서 억울하다'는 하소연을 하는 경우가 발생한다. 따라서 의사소통을 원활히 하고 대인관계를 강화하기 위해서는 비밀 영역은 줄이고 맹목 영역을 알아차림으로써 남들이 아는 나와 내가 아는 나의 격차를 줄이는 노력이 필요하다(노미애, 2012).

1) 의사소통 증진을 위한 조하리의 창의 활용

소통을 증진하고 대인관계를 강화하기 위해서는 자기이해가 선행되면 좋다. 모든 사람에게 비밀 영역을 드러낼 필요는 없지만, 가까운 사람에게 이 부분을 드러내는 것은 나도 모르는 사이에 관계에 영향을 미칠 수 있기 때문이다. 조하리의 창은 소통 증진을 위한 첫 번째 단계로 자기 노출을 통해 공개 영역을 늘려 비밀 영역을 줄이기를 권한다. 하지만 일반적으로 사람들은 비밀을 남에게 털어놓고, 자기 공개하기를 꺼려 한다. 이는 자신의 취약한 부분을 노출시킬 때, 조언, 비난, 충고 등을 듣게 될까 봐 두렵기 때문이다. 그러나 원활한 대인관계를 위해서는 비밀 영역을 줄이는 노력이 필요하다. 상호이해는 서로의 어려움을 알고 공감하는 데서 비롯되기 때문이다. 따라서 주변 사람들 중에 자신을 평가하지 않고 있는 그대로 받아주는 사람을 찾아 자신의 속마음을 털어놓고 비밀을 개방해보는 도전이 필요하다. 만약 이런 과정이 쉽지 않다면 자신의 행동을 타인의 행동인 양 바라보고 다른 사람의 입장에서 생각해 보는 과정을 노트에 적어 자기 객관화를 연습해 보는 과정도 도움이 된다(노미애, 2012).

두 번째는 자신이 자신을 모르는 부분에 대한 솔직한 피드백을 요청하고 받아들이는 과정을 반복하는 것이다. 이 역시 주변 사람들 중 자신을 있는 그대로 이해해주고 솔직히 피드백해 줄 수 있는 사람과 함께 도전해 보면 도움이 된다.

이해를 돕기 위해 이 과정을 비유로 설명해 보면 다음과 같다. 사람의 마음은 자기 스스로 전체를 알 수 없고 사람마다 다르다. 마음을 사람이 가진 무형의 무엇이라 칭하고 유형의 무엇인 신체와 비교해 보면 마음은 전체 신체 중 얼굴의 특성과 비슷하다. 얼굴은 스스로 내 얼굴을 볼 수 없고 동시에 사람마다 다르다. 그래서 내 얼굴을 알 수 있는 방법은 거울에 비추어 봐야 하는 것이다. 마음도 이와 같아서 다른 사람의 피드백이라는 거울에 비추어 보아야 알 수 있는데, 이 과정을 심리학에서는 '반영 (Reflection)'이라고 한다. 따라서 자기이해가 높아지기 위해서는 타인의 피드백을 받아 보고 수용하는 과정이 중요하다. 다만 이런 과정이 평소의 대화로는 어려울 수 있기에 이런 과정을 함께할 수 있도록 훈련된 전문가인 상담가와 함께 자기를 개방하고 피드백을 수용해 보면 자기이해가 높아지는 데 더 도움을 받을 수 있다.

2) 상담을 통한 자기이해의 사례

중학교 여교사 A씨는 30대 중반의 중견 교사로 현재 뛰어난 업무 성과는 물론이고, 학생들과 친밀한 상호작용으로 원활한 교수-학습(敎授-學習)과 생활지도에서 여러 동료 교사들에게 좋은 영향력을 끼치는 교사이다. 그러나 초임교사 시절의 그녀의 모습은 지금과 많이 달랐다. 학생들과의 적절한 의사소통 방법을 몰랐던 그녀는 학생들과 교실에서 갈등을 빚었고 학생들의 저항으로 2학기 수업은 거의 진행이 어려웠다. 급기야 그녀는 급성 스트레스와 소진으로 휴직을 결정하고 우울증 치료를 위해 상담을 받았다. 다음은 그녀의 상담을 통한 자기이해의 과정을 조하리의 창과 함께 설명한 내용이다.

사례 3 ▶

상담 초기 그녀는 자신은 높은 성적으로 교직을 이수한 유능한 교사이며 학교에서 학생들과 관계에서 힘들어서 우울증이 왔을 뿐, 실제 대인관계에서 아무 이상이 없다고 보고하였다. 말을 듣지 않는 학생들이 문제이고 학생들 때문에 스트레스 상태가 지속되어 우울한 상태라고 하였다. (공개된 영역만 이야기하고 자기개방을 하지 않은 상태)

상담자가 한동안 지속적으로 그녀의 이야기를 들어주면서도 그녀의 문제에 초점을 맞추고 고쳐주려 하거나 조언하려 하지 않고 그녀의 이야기를 무조건 수용하고 긍정적으로 이해하려는 일관된 태도를 보였다. 그러자, 경계심이 풀어지고 서로의 관계에 신뢰가 쌓였고, 어느 시점부터 자신의 어린 시절 이야기를 꺼내기 시작했다. 그녀의 아버지는 그녀가 6살 때부터 30년간 병석에 계셨고, 그녀의 엄마는 혼자서 여러 자식들을 키우셨다고 했다. 집안 사정은 힘듦의 연속이었고, 적절한 돌봄을 받지 못했으나, 맏딸로서 '괜찮아' 보이기 위해 애썼던 어린 시절들에 대해 이야기하였다. 급기야 자신을 가장 힘들게 했던 엄마에 대한 부정적 감정을 이야기하기 시작했는데, 상담의 수준이 깊어지면서 감정을 토하듯 울면서 털어놓기 시작했다. "엄마는 남들 앞에서만 저를 예뻐했어요. 사람들이 있으면 제게 눈을 마주치고 웃기도 하지만 집에서는 저를

쳐다보지도 않았어요. 외출할 때는 단정한 옷을 챙겨 주었지만 집에 있는 동안은 속옷도 잘 빨아주지 않았어요... 엄마는 엄마가 필요할 때만 나를 이용하고, 공부를 잘할 때만 사랑해 주었어요. 그리고 제가 왕따를 당하고 집에 온 날, 엄마에게 그 일을 이야기했더니 '벼는 익을수록 고개를 숙이는 거야. 너는 반장이면서 애들 마음도 못 헤아리니?'라며 제 마음을 아프게 했어요..." A씨는 상담자에게 자신의 부정적 마음을 털어놓으며 마음속 담아두었던 아픈 비밀들을 공개하였다. (비밀 영역을 공개하는 상태)

비밀 영역을 공개했는데도 상담자가 비판하거나 충고하지 않고 공감해 주자, 비밀을 감추고 억누르는 데 묶였던 심리적 에너지가 풀리고 아픈 마음이 치료되는 느낌을 받았다. 이후 마음의 여유가 생기면서 늘어난 심리적 에너지를 자신을 이해하는 데 투여하자 자신이 과거에는 알아차리지 못했던 무의식을 통찰하기 시작했다. "혹시 저도 우리 반 애들에게 엄마처럼 대한 건 아니었을까요? 제가 필요할 때만 애들을 찾고, 애들이 요구할 때 들어주지 않고 화내고, 성적이 좋은 아이들에게만 눈길을 더 주고, 애들이 속마음을 말할 때 공감하기보다는 상처 주는 말을 한 건 아닐까요?..." (맹목 영역을 알아차리는 상태)

이후로 상담이 계속 진행됨에 따라 부정적 감정을 해소한 A씨는 무의식을 통찰함에 따라 마음이 더욱 가벼워지면서 심적 에너지가 충전되고 그 에너지로 학생들의 마음을 이해하고 용서하기 시작했다. 또한, 남편 없이 30년 동안을 자식 셋을 키우느라 공감이나 이해라는 여유는 없이 험한 세월을 살 수밖에 없었던 엄마의 상황을 이제는 아이의 시각이 아닌 어른의 시각으로 바라보게 되며 엄마도 이해하고 용서할 수 있게 되었다. 마지막으로, 그런 힘든 상황에서 자랐기에 적절한 의사소통을 접해보지 못했고 미숙한 방식으로 학생들과 갈등을 빚었던 자기 자신까지도 이해하고 용서하기에 이르렀다.

복직 후 그녀는 회복된 마음과 함께 교사 연수 프로그램을 통해 새로운 의사소통법을 학습하였고, 이후 학생들과 이전과 다른 친밀한 관계를 맺게 되었다. 뿐만 아니라, 상처받았던 과거의 모습들을 이해하게 된 덕분에 힘들어하는 학생들의 마음도 더 많이 이해하게 되었고, 자신과 같은 어려움을 호소하는 동료 교사들에게도 공감과 이해를 통해 힘이 되어주는 교사가 되었다.

(출처: 상담자 R의 사례 중 요약 인용)

Ⅲ 교사의 학생 이해

교사의 학생 이해를 위한 내용은 두 가지로 살펴볼 수 있을 것이다.

첫 번째는 앞 절에서 살펴본 교사가 자신을 이해하는 태도를 학생에게도 적용하는 것이다. 위의 경구를 이 부분에도 적용해 보면 'Understand your students as your-self'로 확대 적용할 수 있을 것이다. 즉 앞 단락의 '유능한 교사의 본성'에 대해 살펴본 것처럼, '무조건적 긍정적 존중, 공감적 이해, 일치성'의 태도로 자신을 이해하듯 학생을 이해하면 학생은 잠재력 실현 경향성을 발휘하며 성장할 것이다.

두 번째는 학생들을 '청소년기'라는 심리사회 발달적 특성을 고려하여 이해하는 것이다. 발달 심리학자 에릭슨(Erikson)의 전 생애 발달 단계 이론에 따르면, 청소년기는 '자아 정체성(Ego identity) 대 역할 혼미(Identity diffusion)'의 단계로 이 단계의 발달 위기를 잘 겪어내면 '충직성(Fidelity)'의 덕성을 갖는 성장의 과정으로 학생들을 이해한다(Erikson. E. H., 1993). 뿐만 아니라, 청소년기는 전 생애 발달 중 심리적 에너지를 내부로 끌어들여 내면이 성장하는 시기로 극심한 여러 특징적 변화를 경험하는 시기이다(한성열, 2021). 또한 뇌를 비롯한 신체적 발달이 폭발적으로 일어나는 시기로 어린이에서 어른으로 변화하는 과도기이므로 학생은 물론 교사도 이 시기의 특성을 이해하지 않고는 대처하기 힘든 변화의 시기이다. 따라서 이들의 발달을 학습하고 이해하는 것은 그들과 공감적으로 대화하는 데 도움이 될 것이다. 본 교육은 다음 차시(2차시)를 '청소년기의 발달 이해'로 설정하고, 그 내용을 구체적으로 살펴볼 것이다.

빌드업 스쿨: 교사학생의 효과적 의사소통

2강

청소년기의 이해

서울상담심리대학원대학교 마음건강연구소

2강 _ 청소년기의 이해

Ⅰ 청소년기의 특성

1 청소년기의 정의와 개괄적 특성

청소년기(Adolescence)는 소년기에서 청년기로 넘어가는 과도기로서 아이도 아니고 어른도 아닌 불안정과 불균형의 시기이다. 이 때문에 청년심리학의 아버지로 불리는 Hall은 청소년기를 '질풍노도의 시기(A Period of storm and stress)'라고 하였다(정옥분, 2004). 이 말은 독일의 작가 괴테와 실러에게서 빌려 온 표현으로 청소년기의 혼란스러움을 잘 드러내는 표현이다.

특히, 최근 우리나라에서는 청소년(Adolescent)[2]의 특성을 '중2병', '괴물(시사IN, 2012.01.25)', '외계인(김영아, 2012)' 등으로 부를 만큼 이들의 발달적 특성으로 인해 부모와 교사는 물론이고 사회 전체가 당황하고 있다(김영희, 최보영, 2015; 박영신, 김의철,

---

2) 심리학자 Hall의 저서 『Adolescence(청소년기)』에 따르면, adolescence는 라틴어 동사 'adolescere'에서 유래했고, 이는 '성장하다', '성숙에 이르다', '미숙한 상태를 벗어나다'를 의미한다. 따라서 소년과 청년의 합성어인 청소년(Adolecent)은 어린이와 성인의 중간 단계로 성숙에 이르도록 성장하는 사람을 일컫는 것으로 조작적으로 정의할 수 있다.

2003; 정경숙, 오은주, 2022; Brezina, Piquero, & Mazerolle, 2001). 따라서 이들을 수용하고 잘 성장하도록 돕기 위해 이들의 발달 특성에 대한 깊은 이해와 세심한 돌봄이 필요한 시점이다.

사춘기(思春期)의 사전적 정의는 '육체적·정신적으로 어른이 되어가는 시기'이다. 육체적으로는 뇌와 호르몬 체계의 변화가 일어나고, 정신적으로는 심리, 사회, 인지적 측면에서 다양한 변화가 일어난다. 인생의 긴 여정에서 보았을 때 이러한 변화는 비교적 짧은 시간 동안 폭발적으로 일어나기 때문에 청소년들은 이렇듯 극도의 혼란스러운 시기를 '중2병', '괴물', 혹은 '외계인' 등의 모습으로 경험하게 된다. 어른들의 눈에 이러한 모습은 다소 유난스러워 보일 수도 있지만, 이러한 변화를 통해 청소년은 '독립'을 준비한다. 의존하는 '아이'가 아닌 독립적인 '어른'이 되기 위한 준비를 하는 것이다. 즉, 청소년기는 '혼란'의 시기이자 '변화의 기회'이기도 한 셈이다. 발달 심리학자 에릭슨(Erickson)도 청소년들이 발달의 위기를 잘 극복하고 통합하면 성숙과 성장이 일어난다고 하였다. 따라서 어른인 우리는 청소년을 '어른이 되기 위해 고군분투하고 있는 아이'의 모습으로 바라보며 따뜻한 응원을 보낼 필요가 있다.

한편, 청소년기의 특성에 대한 연구가 많이 이루어짐에 따라 청소년기의 시기를 확대하고 더 세분화하여 청소년 전기, 청소년 후기로 구분하기도 한다(김영신, 김승희, 2022; Samples, & Aber, 1998). 청소년 초기는 대략 10대 초중반의 학생을 일컬으며 이 시기는 대체로 2차 성징이 일어나고 심리적 독립을 시작하려는 시기이다. 청소년 후기는 대략 10대 후반부터 20대 초반으로 심리적 독립을 위한 정체성 방황, 직업에 대한 고민, 이성 문제 등을 경험하는 시기이다. 청소년 초기이든 청소년 후기이든 이들 청소년기의 공통된 발달 과제는 앞 단락에서 설명한 바와 같이 '심리적 독립'을 위한 '정체성(Identity)' 발달이다.

이렇게 청소년기는 아이에서 성인으로의 극적인 발달을 이루기 위해 극도의 혼란을 경험하는 시기이기도 하고, 그들의 보호자인 교사와 부모의 입장에서는 이해하기 힘든 행동으로 당황하는 시기이기도 하다. 이런 발달의 과정을 심리학에서는 에릭슨의 심리 사회 발달이론을 비롯한 여러 발달이론을 바탕으로 이해해왔는데, 최근 과학 기술의 발달로 뇌신경과학 측면에서도 이를 뒷받침하는 실제적 증거들이 제시되고 있다. 이에 본 교육에서는 최근 보고되고 있는 뇌과학적 측면에서 청소년의 뇌의 특성을 우선적으로 살펴보고, 이후 에릭슨의 심리 사회 발달이론을 중심으로 청소년의 신체발달, 인지발달, 심리적 부적응 등에 대해 살펴보겠다.

2 청소년기의 신체발달

1) 청소년기의 뇌발달

과거 청소년의 뇌는 성인의 뇌와 같은 상태일 것이라고 생각했다. 그러나 자기공명영상(MRI)과 양전자방사단층촬영(PET) 기술의 발달로 인해 최근 20~30년 사이 청소년의 뇌와 성인의 뇌의 차이점이 괄목(刮目)할 정도로 보고되고 있다. 이에 따라 청소년들이 왜 그렇게 혼란스러워하고 감정적이고 충동적인지, 때론 게으르고 지나치게 자기중심적인지 그 이유를 보다 과학적으로 알 수 있게 되었다. 우선 뇌의 구조와 발달 과정에 대해 개략적으로 설명하고, 이를 바탕으로 청소년 뇌의 특성을 살펴보도록 하겠다.

뇌의 구조는 <그림 4>와 같이 크게 전뇌(forebrain), 중뇌(midbrain), 후뇌(hindbrain)로 나눌 수 있으며, 전뇌는 다시 대뇌(cerebrum)와 간뇌(diencephalon)로 나뉜다(Banich & Compton, 2018). 청소년기는 정서와 인지 기능이 폭발적으로 성장하는 시기인데, 이를 이해하기 위해서는 대뇌를 좀 더 자세하게 살펴볼 필요가 있다. 대뇌의 가장 바깥쪽에 있는 껍질 부분을 피질(cortex)이라고 하는데, 그 안쪽에 기저핵(basal ganglia)과 변연계(limbic system)가 자리 잡고 있다. 청소년기는 인지기능을 관장하는 대표 영역인 대뇌피질과 정서기능을 관장하는 대표 영역인 변연계 간 패권 다툼이 일어나는 시기라고 해도 과언이 아니다. 두 영역 간의 치열한 공방에 대해서는 이후에 다시 살펴보기로 하고, 우선은 각 영역의 기능을 간단히 살펴보겠다. 대뇌 피질은 전두엽(Frontal lobe), 두정엽(Parietal lobe), 측두엽(Temporal lobe), 후두엽(Occipital lobe), 섬엽(Insular)[3]으로 구성되어 있다(Banich & Compton, 2018).

---

3) 외측열(전두엽 및 두정엽과 측두엽이 나눠지는 깊은 고랑) 안쪽에 있는 피질로 다른 엽과는 달리 겉에서 보이지 않음.

그림 4 뇌의 구조(4개의 엽과 발달 방향)

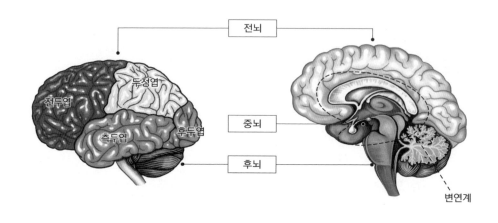

이 중 전두엽은 다른 영역들에 비해 대뇌 피질에서 차지하는 범위가 넓고 다양한 기능들과 관련되어 있다. 전두엽의 앞부분을 전전두피질(prefrontal cortex, PFC)이라고 하는데, PFC는 목표지향적 행동, 추론 및 판단 등 고위 인지 기능, 행동 및 정서, 인지에 대한 조절 및 통제 기능 등에 관여한다. 이러한 기능들은 우리가 인간으로서 성숙하는 과정에 필수적인 요소라고 할 수 있다. 변연계는 단일한 구조물이 아니라 정서정보 처리에 관여한다고 여겨졌던[4] 다양한 영역들을 통합적으로 지칭하는 용어로, 편도체, 시상하부, 대상피질, 전측 시상, 유두체, 해마 등을 포함한다. 변연계의 성숙에 따라 인간은 슬픔, 우울, 불안, 화, 충동 등 다양한 정서를 경험하게 된다. 문제는 뇌의 영역들이 상호 합의에 따라 동일한 속도로 발달하지는 않는다는 데 있다.

뇌의 각 영역이 동일한 속도로 발달하지 않는다는 사실은 여러 연구들에 의해 밝혀져 왔다. 사춘기 전후의 소아 및 청소년을 대상으로 10년 동안 2년 주기로 MRI 스캔을 통해 뇌의 구조적 변화를 조사한 연구팀은 감각, 운동 등 보다 기본적인 기능을 담당하는 뇌의 영역이 먼저 성숙해진 후 보다 복잡하고 통합적인 기능을 하는 영역들이 나중에 성숙해짐을 보여주었다. 연구팀에 따르면, 뇌의 성숙은 두정엽에서 시작하여

---

4) 현재는 정서정보 처리 외에도 학습, 기억 등 다양한 기능과 관련되어 있음이 보고되고 있음.

전두엽과 후두엽으로 이어지고 측두엽이 가장 마지막으로 성숙되는데, 전두엽 내에서도 전전두피질은 사춘기 후기쯤 되어야 성숙해진다(Gogtay, et al., 2004). 신경심리학자인 Goldberg(2001)가 그의 저서 『집행하는 뇌』의 부제를 "전두엽과 문명화된 정신"이라고 달아 놓은 데에는 다 그럴만한 이유가 있는 것이다. 전두엽은 지금 당장 새로 출시된 게임을 하고 싶지만 내일 시작하는 중간고사 이후로 미룰 수 있게 해주고, 부탁을 거절한 친구의 행동에 불같이 화가 나지만 친구가 왜 그랬을까를 생각하게 해준다. 하등 동물이 고등 동물로 진화하고, 수렵채집 사회에서 4차 산업혁명 시대로 발전하는 데에는 시간이 필요하다. 그리고 아이가 어른이 되는 데에도 시간은 필요하다. 청소년은 아직 문명화되지 않은 어른이다. 엄마 아빠보다 더 큰 어른의 옷을 입고 있어도 아이들의 뇌는 어른들의 이해와 안내가 필요하다. 아이들이 문명화되었을 때, 이 사회에서 얼마나 중요한 역할을 하게 될지는 그들을 바라보는 어른들의 시선에 달렸다. 이러한 기본 지식을 바탕으로 청소년기 뇌발달의 특징을 살펴보면 다음과 같다.

가. 변화하고 있는 뇌

- 뇌 기능이 폭발적으로 증가하기도 하는 반면, 가장 취약하기도 하다.

이제는 더 이상 우리가 태어날 때 이미 '완성된 형태의 뇌'를 가지고 태어난다고 생각하는 사람은 없을 것이다. 뇌는 평생에 걸쳐 발달하며 변화한다. 뇌는 신경세포(neuron)와 교세포(glia)로 구성되어 있다. 인지, 정서, 기억 등 뇌의 기능이라고 알고 있는 것들은 신경세포들 간의 연결을 통해 이루어지지만, 이러한 신경세포들의 기능을 원활하게 하는 데에는 교세포가 중요한 역할을 한다. 우리가 흔히 뉴런이라고 알고 있는 신경세포는 뉴런 발생(neurogenesis), 시냅스 형성(synaptogenesis), 수초화(myelination), 가지치기(pruning)의 일련의 과정을 거치며 발달한다. 뉴런은 임신 6개월경 대부분 형성되지만, 뉴런의 기능과 위치에 따라 시냅스 형성, 가지치기, 수초화는 성인기까지도 계속 진행된다(Banich & Compton, 2018). 우리가 생각하고 느끼는 모든 것은 우리의 내외부로부터 입력된 정보의 전달과 통합의 결과인데, 이러한 정보 전달은 뉴런의 연결, 즉 시냅스 형성을 통해 가능해진다. 뉴런은 세포체(cell body), 수상돌기(dendrite), 축색(axon)으로 구성되어 있는데, 정보는 전기적인 신호로 변환되어 수상돌기에서 축색 방향으로 이동한다(<그림 5>). 이때 선행 뉴런의 축색과 후행 뉴런의 수상돌기가 만나는 부분을 시냅스라고 부르는데, 선행 뉴런의 축색을 따라 내려오던 전기적인 신호가 시냅스에서 화학적인 신호(즉, 신경전달물질)로 바뀌어 후행 뉴런에 정보를 전달한다. 시냅스 형성이 일어나면 정보가 전달되기는 하지만 그 속도가 빠르지는 않다. 수초화는 축색 주변을 핍돌기교세포(oligodendrocyte)라고 불리는 교세포가 감싸는 과정인데, 이 교세포가 절연물질이기 때문에 축색을 따라 내려오던 전기 신호가 수초 사이사이를 건너뛰는 방식으로 이동하여 정보 전달 속도가 빨라지게 된다. 수초화가 이루어지고 나서야 비로소 정보의 전달이 원활해지는 것이다. 감각, 운동 등 기본적인 기능과 관련된 영역의 수초화는 발달 초기에 이루어지지만, 전두엽 등 보다 복잡한 수준의 기능과 관련된 영역의 수초화는 청소년, 성인기까지도 지속된다. 즉, 아이들은 태어나서 금방 걷고, 움직이고, 말을 하고, 듣고, 보고, 냄새를 맡을 수 있게 되지만, '문명화'가 되는 데에는 시간이 필요하다. 그리고, 그 문명화가 어떤 방식으로 될 것인지는 청소년기에 뇌를 어떻게 단련시키는지와 관련이 있다.

그림 5   뉴런과 시냅스의 해부학적 구조

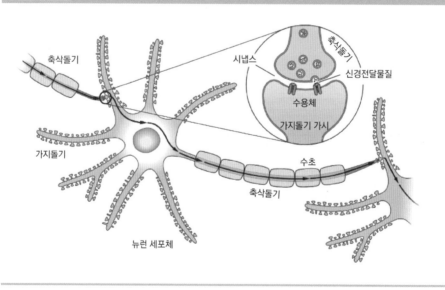

청소년의 뇌는 출생 직후의 변화를 제외하면, 단기간에 가장 크게 변화한다. 변화

의 정도가 매우 커서 청소년의 뇌를 연구하는 신경과학자들은 '폭발적 변화'라는 표현을 쓰기도 한다(Jensen, Frances E., 2019). 이 시기의 변화는 뇌 기능의 증가뿐만 아니라, 정교화 과정을 포함하고 있어서 매우 드라마틱하다. 출생 시부터 이미 뇌 속에 1,000억 개 이상 존재하고 있는 뉴런은, 사실은 아직 불이 켜지지 않은 전구와 마찬가지다. 청소년기의 뇌 속에는 전구들의 불을 켜기 위한 전선 연결, 즉 시냅스 형성이 폭발적으로 일어난다고 할 수 있다. 청소년의 뇌라는 큰 방의 구석구석을 밝히기 위한 전선 연결이 폭발적으로 일어나기에 청소년들은 때론 매우 똑똑해 보이고 여러 분야에서 재능을 발휘하며 자신의 잠재력을 실현하기도 한다. 실제로 기억력이 30% 증가하기도 한다(Sheryl Feinstein, 2010). 하지만 너무 많은 영역에서 과잉 공급되기 때문에 불필요한 전선 연결로 혼선이 생기기도 하고 성급한 연결로 누전이 생기기도 한다. 이런 과정을 이해하면 청소년이 왜 역할 실험을 하며 방황하고 혼란해하는지 이해할 수 있다. 청소년기의 뇌변화는 청소년 후기에 이르면 다른 양상을 띠게 되는데, 불필요한 연결로 인한 혼선과 누전을 수습하기 위해 불필요한 연결이 정리되고 없어진다. 즉, 가지치기(pruning)가 가속화되면서 남은 전선은 더욱 견고해진다.

우리는 이처럼 뇌가 환경이나 경험에 의해 변화하는 것을 '신경가소성(neuroplasicity)'이라 한다(Banich & Compton, 2018). 뇌는 태어나기 전부터 죽을 때까지 끊임없이 변화한다. 변화는 여러 가지 요인의 영향을 받는데, 그중 한 가지가 경험이라는 것에는 의문의 여지가 없다. 경험은 책을 읽고, 여행을 다니고, 피아노를 배우고, 운동을 하는 것만을 의미하지는 않는다. 내가 진실이라고 주장했던 것들이 다른 측면에서 보면 거짓일 수도 있다는 것을 깨닫는 과정, 친구와 다투고 난 후 무엇이 문제였을까를 곱씹어 보며 감정을 가라앉히고 친구와 화해하는 과정, 지금 당장 게임을 하고 싶지만 시험 뒤로 미루는 과정, 엄마 아빠가 서로 의견이 다를 때 어떻게 해결하는지를 지켜보는 과정 등 이런 모든 경험이 뇌의 변화와 성숙에 영향을 미친다. 청소년의 뇌는 가장 많이 발달하기도 하지만, 혼란하고, 때론 취약하다. 이 시기의 청소년들이 매우 도전적이고 크게 약진하지만 자주 좌절하고 혼란스러워하는 이유도 이런 맥락에서 설명 가능할 것이다. 어쩌면 이 글을 읽고 있는 누군가는 차라리 우리가 '완성된 형태의 뇌'를 가지고 태어났더라면 이런 고통은 없지 않았을까 하는 생각을 하고 있을지도 모른다. 그러나 얼마 전 새로운 환경에 적응하지 못해 사망한 '인터넷 익스플로러'를 생각해 보라!

나. 미완성된 전두엽(Frontal lobe)

- 청소년은 성인과 같은 판단과 통찰이 어렵다.

전두엽은 뇌의 총 부피의 40% 이상을 차지한다. 이는 다른 동물들에 비해 매우 높은 비율을 차지하는 것으로 전두엽의 기능이 인간이 다른 종들과 구분되는 데 가장 기여하는 부분이다. 특히 전전두엽은 통찰, 계획, 판단, 추상적 사고 등의 고등 정신기능을 담당하는 부분으로, 자기인식의 근원이자, 위험 상황에서의 판단과 결정을 하는 부분이다. 그런데 청소년기에는 이 전두엽의 기능이 만들어지는 과정에 있는 것이다. 이런 이유로 청소년은 성인만큼 똑똑해 보이고 때론 성인보다 뛰어난 능력을 보이면서도 동시에 위험 상황에서 어이없는 어리석은 판단을 하기도 한다. 이는 영국 적십자에서 진행한 연구를 통해서도 입증되었다. 이 연구에 따르면, 10대 청소년 중 90%는 과음 등의 위기 상황을 접한 적이 있는데, 이들 중 44%는 '공황상태에 빠졌다'고 답했고, 46%는 '어떻게 대처해야 할지 전혀 알 수 없었다'고 보고했다(Amelia Hill, 2010).

다. 과잉 활성화된 편도체(Amygdala)

- 이성보다는 감정 영역이 활성화되어 있다.

편도체는 측두엽 안쪽에 있는 변연계의 한 부분으로 성적 행동과 정서적 행동에 관여한다. 특히, 편도체는 성호르몬에 민감한 부분으로 성호르몬 작용이 왕성한 청소년기에 더욱 활성화된다. 이런 이유로 청소년들은 상황판단에 있어서 이성적이기보다는 감정적이기 쉽다. 어른의 입장에서 보면 청소년이 과도하게 감정적이며 생각 없이 행동하는 듯 보이는 이유를 이런 관점에서 보면 이해할 수 있다. 실제로 뇌 스캔 사진을 연구한 결과를 살펴보면, 무표정한 얼굴 사진을 보여주었을 때 청소년은 편도체가 활성화된 반면, 성인은 전두엽이 활성화된 것을 볼 수 있다(Siegel, Daniel J., 2014). 이런 이유로 성인과 청소년이 의사소통할 때 오해가 생기고 서로 답답한 마음이 들기도 한다. 예를 들면, 교사가 '이것 좀 정리할래?'라고 말할 때, 청소년은 언어에 담긴 내용을 이성적으로 생각하여 교사가 적절한 지시를 내렸다고 생각하고 행동하기보다는 교사의 표정과 태도를 자기식 대로 해석하여 감정적으로 보고 나를 싫어하거나, 나를 통제하려는 잔소리로 간주해 버린다.

라. 전전두엽과 편도체의 상호작용

- 폭발적인 정서 반응이 아직은 잘 통제되지 않는다.

정서는 삶에 있어서 매우 유용하다. 자율학습 시간에 몰래 빠져나가다가 저 멀리 선생님의 실루엣을 보고 공포를 느껴 제자리로 돌아가게 만들며, 선생님이 수업시간에 나를 콕 집어 질문을 할 수도 있다는 불안에 밤을 새워 예습을 하게 만들기도 한다. 혼자 밥을 먹는 친구를 보고 옆에 앉아 같이 밥을 먹어 주는 것도 정서의 유용한 예이다. 그러나 적절히 통제되지 않은 정서는 등교 준비를 하며 넥타이가 없다고 엄마에게 소리를 지르며 기어이 싸우고 나오게 만들기도 하고, 생일 아침상에 미역국이 아닌 콩나물국이 올라와 있는 것을 보고 내 친부모는 누구일까를 고민하게 만들기도 한다. 정서는 유용하지만 적절히 통제되어야 그 진가를 발휘할 수 있다.

정서를 주로 관장하는 편도체는 청소년기에 과도하게 활성화되며 나이가 들수록 점점 강도가 낮아지는데, 연구자들은 청소년기 편도체의 과도한 활성화는 우울, 불안 등 내현화 장애와 관련되어 있다고 보고한다(Swartz, et al., 2014). 최근 청소년의 정서 조절에 관한 연구들은 편도체와 전전두엽 간 회로(prefrontal cortex−amygdala circuitary)의 발달에 관심을 두고 있다. 전전두엽은 편도체와 연결되어있는 신경 다발을 통해 편도체로부터 신호를 받고 편도체를 조절하는 신호를 내보내는데(Petrides & Pandya, 2002), Swartz 등(2014)의 연구에서 전전두엽과 편도체 간의 연결은 나이가 증가할수록 강해졌으며 강도가 강할수록 편도체의 활성화가 낮았다. 이는 전전두엽이 편도체와 연결된 신경 다발을 통해 편도체의 활성화를 조절함을 의미하며, 이러한 조절은 나이가 들면서 더 수월해질 수 있음을 시사한다. 즉, 청소년기는 정서 반응에 관여하는 정서 시스템과 정서 조절에 관여하는 인지통제 시스템 간의 발달적 불균형이 매우 특징적으로 나타나는 시기이다.

전전두엽의 성숙이 청소년 후기쯤에나 완성된다는 것을 고려하면, 청소년들의 '기이한' 정서행동이 어른들을 놀리기 위해 일부러 고안해 낸 것은 아님이 분명하다. 그들은 중2병을 앓고 있는 것도, 외계인 혹은 괴물도 아니며 그저 뇌의 발달 과정에 충실한 삶을 살고 있을 뿐이다.

마. 쾌락을 추구하는 신경전달물질(도파민, Dopamine)의 활성화

- 충동적이고, 중독에 빠지기 쉽다.

청소년기는 충동성이 높아지는 시기로 이는 도파민 증가와 관련이 깊다(Jensen & Frances E., 2019). 도파민은 의욕, 행복, 동기부여, 열정 등에 관여하는 신경전달물질로 뇌의 쾌락중추에 작용한다. 즉, 한마디로 말하면 청소년의 뇌는 쾌락과 보상에 매우 민감하다. 도파민 증가와 쾌락중추 활성화로 인해 보상에 민감한 뇌가 청소년 이해를 위해 시사하는 바는 청소년들이 위험을 무릅쓰고 충동적으로 행동하거나, 중독에 빠질 수 있다는 점이다. 먼저 위험한 행동을 충동적으로 실행하는 부분을 살펴보면 다음과 같다. 성인은 위험한 행동에 대해 구체적으로 평가와 판단을 하고 위험에 대한 피해를 대비하여 회피행동을 한다. 그러나 청소년은 위험과 피해에 대한 판단보다 보상이 중요하기에 충동적으로 위험한 일을 실행한다. 또한, 중독과 관련된 부분도 이와 비슷한 과정으로 설명할 수 있다. 청소년의 뇌는 주어지는 자극(알코올, 흡연, 과도한 인터넷 사용 등)의 위험성 평가보다 자극으로부터 주어지는 즉각적 보상에 더 끌리기에 자극추구 행동을 빈번하게 하게 되고 그 결과 중독에 빠지기 쉬운 것이다.

바. 안정과 행복의 신경전달물질(세로토닌, Serotonin)의 부족

- 게을러 보이고, 주변 정리가 어려우며, 9시간 이상의 수면시간이 필요하다.

청소년기는 충동성이 높아지는 시기로 도파민이 증가하는 반면, 진정작용을 하는 세로토닌은 부족해진다(Sheryl Feinstein, 2010). 세로토닌은 일명 행복 호르몬이라 불릴 만큼 진정작용은 물론 기분, 수면, 식욕 등에 관여해 우울감은 감소시키고 안정감을 증가시킨다. 그런데 이 호르몬이 부족해지기에 청소년들은 부주의한 행동이 늘어 주변 정리가 어렵고, 수면시간의 영향을 받고 게으름은 증가한다. 특히, 청소년의 수면에는 세로토닌 감소뿐만 아니라 뇌의 가소성(폭발적인 증가와 감소)도 영향을 미친다. 청소년의 뇌는 앞 절에서 살핀 바와 같이 큰 변화가 일어난다. 그런 이유로 활동이 증가한 만큼 쉼이 필요하다. 잠은 이러한 쉼에 도움이 되는데, 청소년기는 성인보다 많은 수면시간이 요구되며, 청소년의 수면시간을 늘리는 것은 학습 성과와도 관련이 있는 것으로 나타났다. 연구에 의하면, 미네소타 주의 일부 고등학교에서 10년간 등교시간을 7시 30분에서 8시 40분으로 70분 늦춘 결과 7,000명의 성적이 통계적으로 유의미하게 오른 것으로 나타났다(O'Malley, E. B., & O'Malley, M. B., 2008). 실제 조사에 따르면 청소년들은 7시간 30분 정도 잠을 자는 것으로 보고되었으나, 미국질병관리본부에서 권고한 실제 수면 요구량은 9시간 15분임이 보고되었다(Sheryl Feinstein, 2010). 청소년의 뇌발달을 살펴보면 이들에 대한 이해와 배려가 더욱 필요함을 알 수 있다.

2) 2차 성징

청소년은 뇌발달뿐만 아니라, 호르몬의 변화로 인해 급격하게 신체적 및 성적으로 성숙하는 특성이 나타난다(Susman & Dorn, 2013). 이 중 가장 눈에 띄는 변화는 2차 성징의 발현이다. 1차 성징은 출생 시 생식기에 반영되는 성차로 인한 특징을 말하는 것이고, 2차 성징은 청소년기에 고환과 난소가 발달함에 따라 성호르몬 분비에 의해 신체의 기능과 형태적 변화가 발생하는 특징을 말한다. 2차 성징은 개인차가 큰데, 특히 여성의 성숙이 남성보다 2~3년 정도 빠른 경향이 있다.

청소년기에는 신체적으로 이러한 변화를 경험하며 신체적으로 성인의 특성을 갖게 된다. 그러나 이는 신체적 성숙일 뿐, 심리적 성숙은 이 과정보다 천천히 이루어지기에 심리적으로 부조화한 상태가 유지된다. 뿐만 아니라, 신체적 성숙의 개인차가 또래 관계와 자기상에도 영향을 미치기에 또래에 비해 너무 크거나, 너무 작은 경우 관심이 요구된다(박우철, 2009; Yuan, 2010).

한편, 이 시기의 청소년은 신체적 성적 성숙과 함께 성적 호기심이 증가한다. 각급 초, 중, 고등학교 도서관에 비치된 '사춘기와 성'에 관한 책들이 가장 많이 대출되고 또 쉽게 훼손되는 것이 이런 상태를 반증한다. 이런 성적 호기심은 매스미디어와 인터넷의 발달로 청소년들을 손쉽게 음란물에 노출되게 하는 영향을 미치기도 한다. 이 시기의 청소년에게 있어서 성적 호기심이 증가하는 것은 신체변화에 따른 일면 자연스러운 현상이다. 하지만, 지나칠 경우 아직 미성년인 학생들에게 부적절한 영향과 임신과 같은 어려운 상황이 올 수도 있기에 호기심은 인정하나 적절한 한계를 알려주는 성교육이 필요하다.

3 청소년기의 심리 사회 발달

1) 에릭슨의 전생애 심리 사회 발달(Life-span development)이론

가. 에릭슨(Erickson)의 생애

에릭슨(Erickson, 1902~1994)은 발달 심리학의 거장으로 하버드대 교수를 역임했다. 그러나 그의 이력은 남들과 다른 특이점이 있으니, 그의 학력이 고졸이라는 점이다. 학력의 약점에도 불구하고, 뛰어난 학문적 성과를 보여 '자아 정체성(Ego identity)'이라는 개념을 제안했고, 이 개념은 오늘날 보편성을 지닌 개념으로 자리 잡기에 이르렀다. 그의 학력과 지위의 특이점에서 볼 수 있듯, 그의 이론은 특별한 생애사적 배경을 바탕으로 한다. 이에 그의 이론을 이해하기 위해 특별했고, 탁월한 학자가 되는 데 원동력이 되었던 그의 특별한 삶을 살펴보도록 하겠다.

에릭슨은 아버지가 누구인지 모르는 채 평생을 사는 불운을 겪었다. 유태인이었던 엄마가 첫날밤에 남편과 헤어졌기 때문이다. 첫날밤 남편은 자신이 범법행위에 연루되어 있고 여성편력이 있음을 밝혔다. 그 후 엄마는 취중에 여러 명의 남자와 관계를 가졌기에, 누가 에릭슨의 친부인지 알 수 없는 상황이었다. 나중에 엄마는 소아과 의사였던 양부와 재혼을 해서 에릭슨을 유태인으로 키웠다. 참고로 유태인은 엄마가 유태인이면 유태인으로 인정한다. 에릭슨은 유태인으로 자라지만 덴마크인의 외모를 갖고 있었기에 이방인 취급을 받았다. 안타깝게도 엄마가 취중에 관계를 가졌던 남자들 중 덴마크인은 둘이었기에 친부를 평생 알 수 없었다. 이런 성장배경이 있었기에 '정체성' 문제에 대해 남다른 열정을 갖고 있었고, 이는 그가 평생을 헌신하며 연구할 수 있는 원동력의 일부가 되었으리라 추측할 수 있다(고영건, 2007 – 요약 인용).

나. 전 생애 심리 사회 발달이론

에릭슨은 프로이트(Freud)의 결정론적 관점5)과는 달리 전 생애 발달(life－span development)을 주장하였다. 그는 프로이트의 제자나 그의 이론을 확장시키는 과정에

---

5) 5세 이전에 심리 성적 발달로 성격의 구조가 결정되고, 어린 시절 과거의 일이 현재의 성격을 결정한다는 관점을 말한다.

서 프로이트가 심리 성적 발달에 초점을 둔 것과 달리 전 생애 동안 미치는 사회적 관계(significant other)를 중시하여 심리 사회 발달을 주장하였다. 그에 의하면 심리 사회 발달은 전 생애 동안 총 8단계를 거치는데, 각 발달 단계별로 통합해야 할 심리 사회적 위기(psychosocial crisis)가 존재한다. 위기에는 발달 과제가 존재하는데, 과제의 성취를 통해 성장할 수도 있고, 동시에 매우 취약해지기도 한다. 각각의 발달 단계는 영아기의 기본적 신뢰 대 불신의 단계부터 노인기 자아통합 대 절망감까지 8단계로 구성되어 있다. 시기별 발달 과제는 그 과제를 어떻게 해결하느냐에 따라 개인의 특성 변화에 기여하는데, 과제 수행에 결정적 영향을 미치는 것은 자아(ego)이다. 자아는 단계별로 존재하는 두 가지 특성을 균형 있게 발달시키도록 하는데, 이 특성들을 적응적으로 통합할 때, 그 단계에서 배울 수 있는 덕목(virtue)을 습득하게 된다 (Erikson, E. H., 1993, 1994 - 요약 인용).

2) 자아 정체성(Ego identity) 대 역할 혼미(Role diffusion)

청소년기는 소년과 청년의 중간, 즉 아이와 어른 사이의 과도기이다. 아이와 어른의 심리 발달상의 가장 큰 차이점은 '독립성' 획득 여부이다. 아이의 특징은 '의존'이고, 어른의 특징은 '독립'이다. 따라서 어른이 되기 위해서는 '독립성'을 획득해야 한다. 독립하기 위해서는 '나는 누구인가, 무엇을 할 것인가?'에 대한 일관된 개념이나 확신이 확립되어야 하는데, 이를 에릭슨은 '자아 정체성(Ego identity)'이라 하였다(노미애, 2012; 성수나, 2021; 이은희, 정순옥, 2006).

자아 정체성을 확립하고 독립성을 획득하기 위해서는 의존대상으로부터 분리되는 과정이 필요하다. 아이의 절대적 의존대상은 부모인데, 그들로부터 벗어나서 홀로 선다는 것은 매우 어려운 발달 과제여서 청소년들은 사회 심리적 위기(psychosocial crisis)를 맞기도 한다. 이런 이유로 이 시기의 청소년은 가출을 감행하기도 하고, 부모에게 반항하기도 하고 방황하기도 한다. 이런 과정은 모두 부모로부터 벗어나 '자아 정체성'을 찾기 위한 과정으로, 과거 이러한 청소년의 행동을 비행으로 규정하기도 했으나, 에릭슨에 따르면 정상적 발달의 과정으로 볼 수 있다.

이 시기의 청소년은 새로운 역할들을 고민하며 방황하는데, 이러한 방황을 '역할 혼미(Role diffusion)'라 한다(노미애, 2012; 박아청, 2006; 이경선, 2015). 방황은 곧 정체성 위기로 이어지고, 고민과 역할 실험 끝에 이를 성공적으로 해결하고 통합하면 정체성을 획득하게 된다. 여기서 통합이란 역할 혼미의 과정을 통해 모든 역할의 긍정적 부분과 부정적 부분을 모두 수용하되 자신에게 맞는 것을 취사선택하는 과정이라 할 수 있다. 독립성은 자신의 신념 가치관 등에 대한 고통스러운 의문 제기(방황, 고민, 경험)가 없이는 획득하기가 어렵다. 성숙하고 통합된 자아 정체성 형성을 위해서는 위기를 경험하는 것이 필요하다.

그런데, 이런 과정들을 통해 정체성을 형성하지 못하고, 청소년기 동안 정체성을 발달시키지 못하면 역할 혼미에 빠지게 된다. 이런 사람들은 성인이 되어서도 자신의 일과 삶에서 충직성(Fidelity)의 덕성을 발휘하지 못하고 방황을 지속하거나 심리적 부적응을 경험한다.

최근에는 정체성 유예(Identity Moratorium)의 경우도 많다. 정체성 유예란 발달 위기 상태에서 여러 역할 신념, 행동 등을 실험하고 있으나 의사결정을 못한 상태를 말한다(정옥분, 2004; Marcia, 1989; 이은희, 2011). 대학생의 진로 고민, 휴학 등이 이에 해당하며, 과거에 비해 교육 기간의 증가로 정체성 유예는 증가 추세이나, 이는 정체성 형성을 위한 과정으로 바람직하게 여기고 수용할 필요가 있다.

실제로 관심 있게 돌봄이 필요한 것은 역할 혼미와 정체성 유실이다. 역할 혼미는 앞에서 설명한 바와 같이 정체성을 형성하지 못하고 방황이 고착되는 상태이고, 정체성 유실은 정체성 고민이 없이, 부모나 역할모델의 가치나 기대 등을 그대로 수용하여 그대로 선택하는 것을 말한다(정옥분, 2006; Marcia, 1989; Slavin, 2005). 정체성 혼미의 상태는 발달상 가장 취약한 상태로 이른바 '꿈과 희망이 없다'는 식의 태도로 삶을 살게 되어 부적응 상태가 되기 쉬워 주의가 필요하다. 한편, 정체성 유실도 큰 관심이 필요한데 예를 들면, 아버지가 의대 가라고 해서 고민 없이 의대에 간 경우에 해당한다. 이런 경우 정체성 자체가 형성되지 않았기에 적응에 문제가 있고, 특히 독단적이고 융통성이 부족하며 다른 사람의 의견을 받아들이지 못하는 경향이 있다(Frank, Pirsch, & Wright, 1990; 박성미, 2011). 이는 청소년기의 정체성 확립을 위한 고통스러운 고민의 과정과 그 끝에 자신에게 맞는 역할을 취사선택하는 과정을 경험하지 못한 결과 발생하는 문제이다. 특히 그들은 자신의 생각과 다른 생각을 접할 때, 내가 선택한 가치가 틀렸을지도 모른다는 불안이 엄습하기에, 자신과 다른 의견을 받아들이기 어려워하는 특징을 보일 수 있어 주의와 관심이 필요하다.

이처럼 청소년기의 정체성 형성 과제는 적응적인 성인으로 살아가기 위해 넘어야 할 큰 위기이자 관문으로 중요한 기능을 한다. 정체성을 형성하면 높은 자아 존중감을 갖고, 추상적 비판적 사고를 하며, 이상적 자아와 현실 자아의 차이가 크지 않고, 높은 도덕적 추론을 할 수 있다(Dellas & Jernigan, 1990; Marcia, 1980; 이효정, 2003; 박소연, 김한별, 2012; 한세영, 2005). 따라서 이 시기의 부모와 교사는 이런 발달 단계를 이해하고 이들의 방황을 수용하고 인내해 줄 필요가 있다. 덧붙여 이를 돕기 위한 구체적 방법으로는 부모와 친밀한 관계와 부모의 자유로운 의견 수용의 자세가 정체성 성취 및 정체성 유예와 관계가 있는 것으로 보고되고 있다(Cooper, 2011).

사례 4 **C·A·S·E**

중2 여학생 A양은 만화가가 되고 싶어서 부모님께 이야기했다가 반대에 부딪혀 갈등을 겪었다. A양의 부모님은 아버지는 공무원, 엄마는 교사로 딸 A 역시 명문대에 진학하여 전문직을 갖기를 원하였다. 특히 A양의 아버지는 '자식에게 음악을 시키면 집안이 천천히 망하고, 미술을 시키면 빨리 망한다'라며 예술가의 진로에 대한 고정관념을 갖고 있었기에 이들의 갈등은 날로 심화되었다. 비교적 수용적인 A양의 엄마는 A양의 의견에 귀 기울이려 했으나, 아버지의 반대는 극심했고 결국 A양은 의견이 수용되지 않자, 가출을 감행하였다.

우여곡절 끝에 '자식 이기는 부모는 없다'고 결국 부모님은 A의 의견을 수용하여 미술학원을 보내주었는데, 뜻밖에 A는 1년 정도 수강 후 미술학원을 그만두었다. 의아하게 여긴 A양의 엄마가 이유를 묻자 A는 "미술이 좋아서 시작했는데, 막상 시작해보니, 내가 미술을 좋아하긴 하지만 이걸 직업으로 삼을 만큼 재능이 있고 좋아하는 것은 아니라는 것을 깨달았다."라고 이야기했다. 그리고 덧붙이기를 "그렇게 아빠랑 싸운 건, 아빠가 내 의견을 받아 주길 바라서였던 것 같다."라며 자신의 마음을 솔직히 드러내었다.

이후, A는 학업에서 적성을 발견하고, 전문직의 꿈을 꾸며 공부에 매진했고, 우수한 성적으로 고등학교에 진학하였다.

(출처: 상담자 R의 사례 중 요약 인용)

사례 5

C·A·S·E

완도 수산 고등학교 1학년 B군은 우연한 기회에 학교 골프부에 들어가게 되면서 골프를 접하게 되었다. B군은 탁월한 성실함과 집념으로 꾸준히 연습한 결과 우수한 실력을 갖추게 되고 골프선수의 꿈을 갖게 되었다. 그러나 완도라는 섬마을의 특성상 B군의 부모님에게 골프라는 것은 접해보지 못한 생소한 직업이거니와 '돈도 많이 들고, 돈도 못 버는 직업'이었다. 설상가상으로 뱃사람으로 선장 일을 하고 있는 B군의 아버지는 아들이 자신의 대를 이어 선장이 되기를 바라고 있었기에 이 둘은 심하게 갈등할 수밖에 없었다.

자신의 꿈에 대한 확신이 생기고 남다른 열정을 가졌던 B군은 부모님 몰래 서울행을 택했고 가출을 감행하였다. 이후 부모님의 허락을 받기까지 여러 곡절이 있었다. 힘든 선택을 했던 만큼 B군은 자신이 선택한 길에 최선을 다했고, 결국 미국까지 진출하여 PGA 우승을 거머쥐는 우리나라의 대표 프로골퍼가 되었다. 이 사람이 바로 최경주 선수이다.

(출처: SBS 힐링캠프 기쁘지 아니한가!, 2011.10.19.)

3) 심리적 이유기(독립의 시작)

사례 6

C·A·S·E

문을 잠그고 싶습니다.

"저는 중1 여학생 C입니다. 요즘 들어 '앞으로 어떻게 살아야 하나'라는 고민도 많아지고, 공부 때문에 힘들기도 해서 혼자 있고 싶은 때가 많습니다. 엄마가 이래라, 저래라 하는 말도 듣기 싫고, 동생한테 방해받기도 싫어서 방문을 잠갔더니 부모님이 화를 내요. 제가 뭘 잘못했나요?"

"저는 중2 남학생 엄마 D입니다. 조용하고 착하던 아들이 요즘 갑자기 방문을 잠급니다. 그러지 말라고 해도 말을 듣지 않네요. 무슨 일이 있는지 물어도 '아무 일 없으니 걱정하지 마세요'라고만 하고, 집에 오면 방문을 잠그고 잘 나오지 않습니다. 어제는 애 아빠가 화가 나서 열쇠로 문을 열고 들어갔더니, 아이가 '나 좀 내버려둬요!'라고 소리 지르며 대들어 애 아빠도 저도 많이 놀랐습니다. 도대체 뭐가 문제일까요?"

(출처: 14살 마음의 지도, 노미애, 북멘토)

청소년기의 시작을 알리는 징후로 많은 청소년들이 사례 6의 학생들처럼 방문을 잠그고 부모와 대화를 줄이곤 한다. 이 시기의 부모들 역시 사례 3의 부모들처럼 걱정을 하는 경우가 많은데, 특별한 문제 상황이 있지 않은 한, 대부분의 경우는 정상발달로 볼 수 있다.

이 시기의 청소년들은 심리적 독립을 위해 부모님과 분리된 자신만의 영역을 형성하려 하는데 이 시기를 '심리적 이유기'라고 한다(노미애, 2012; 장휘숙, 2002). 이렇게 해서 분리된 자기 영역의 경계를 심리학에서는 '울타리(boundary)'라고도 하는데, 이렇게 신체적 정서적 경계를 짓는 것은 심리 발달상 장차 성인으로서 자신의 내면을 지키는 힘이 된다는 점에서 의미가 있다(오제은, 2009).

이처럼 청소년기의 방문 잠그기는 정서적 울타리를 세우는 과정으로 부모님을 비롯한 가족의 통제적 감정들로부터 자신의 감정을 독립적으로 다루고자 하는 심리 상태로 이해할 수 있다. 따라서 이들을 돌보는 부모나 교사는 이들이 경계를 세우는 과정을 수용하지만 동시에 방관하는 것이 아니라 지켜보며 도움이 필요할 때는 도와줄 수 있는 균형감 있는 돌봄을 해 줄 필요가 있다.

4) 충직성(Fedelity)

에릭슨(Erickson)에 의하면 청소년들은 정체성 위기를 극복하고 통합하는 과정에서 충직성(Fedelity)이라는 덕성(Virtue)을 획득하게 된다고 하였다(Erikson, E. H., 1994). 충직성은 '가치체계의 불가피한 모순에도 불구하고 스스로 어떤 것을 지켜내는 능력'으로 모순과 역설로 가득한 현실에서 자신의 신념이나 가치를 충실하게 지킬 수 있는 힘을 말한다. 이러한 덕성은 청소년기의 사회 심리적 위기를 충분히 겪은 결과 성취되는 것으로 자신이 선택한 것을 책임지는 것과 동시에 자신이 포기한 것의 가치를 이해하고 받아들이는 것을 포함한다. 따라서 이런 과정을 통합하고 성장한 성인은 자신의 직업을 충실히 수행하고, 다른 직업과 가치관에 대해서도 존중한다. 그러나 통합하지 못한 경우 다른 직업과 가치관에 대해 부정적 시각을 나타내거나, 직업을 자주 바꾸고 부적응하기도 한다.

5) 청소년기의 사회성 발달

에릭슨은 심리 발달에 있어서 사회적 관계의 중요성을 역설했다. 대상을 살펴보면, 영아기부터 아동기까지는 프로이트의 이론과 같이 엄마, 학령기에는 선생님, 청소년기에는 친구, 청년기에는 이성(배우자)관계 등을 포함한다. 이들 사회적 관계는 발달에 중요한 영향을 미치는데, 에릭슨은 이들을 중요한 타자(significant other)라 명명했다. 그가 이처럼 사회적 관계를 중시한 이유는 관계를 통해 자아(ego)가 강해지고 이는 미해결되었던 이전의 발달 과제까지도 함께 완수하게 하는 심리적 에너지가 되어주기 때문이다. 예를 들면, 학령기의 중요한 타자는 선생님인데, 실제로 주변에서 좋은 초등학교 교사를 만나 불우한 가정환경에도 불구하고 자신의 재능을 발견하고 존중감이 높아지면서 굳건히 성장하는 학생의 사례를 종종 발견할 수 있다.

이처럼 에릭슨은 심리 발달에는 중요한 영향을 미치는 사회적 관계가 존재하는데 청소년기에는 그 대상이 '친구'다. 청소년들은 부모로부터 분리되는 불안을 친구와 나누며 이 시기를 견뎌낸다. 동시에 부모님, 선생님의 내리사랑을 받는 수직적 관계에서 확장하여 친구와 주고받는 사랑의 수평적 관계 맺기를 배우게 된다. 그러나 아이로서 받기만 하던 관계에서 친구와 동등한 입장에서 주고받는 관계로의 변화는 확장적 변화이기에 배우기 쉽지 않고, 이 시기의 청소년은 내면이 아직 미성숙한 발달 단계[6]에 있기에 좌절을 겪기도 한다. 특히 이 시기의 청소년 또래 집단은 '갱(Gang), 갱스터(Gangster)'라는 별칭으로 불릴 만큼 긍정적인 면도 있지만 부정적인 면도 있어서 관계에 있어서 또래 집단에서 많은 상처를 받기도 한다(노미애, 2016; Kanel, K., 2019).

한편, 청소년들은 친구와의 관계뿐만 아니라, 아이돌 그룹 등의 연예인에 몰두하기도 하는데, 이 역시 현실의 자신의 위치를 깨닫고 실망하면서 의지하고픈 대상을 찾는 욕구와 의존하던 부모로부터 떨어져 나온 불안을 해소하기 위한 방편으로 이해할 수 있다.

---

6) 방어기제(Defense Mechanism)는 프로이트가 제안한 개념으로 불안감을 느낄 때 자신을 보호하기 위해 사용하는 무의식적 기제를 말한다. 본 교육에서는 방어라는 용어의 부정성을 완화하고 수월성을 도모하는 적응기제라는 용어로 대치한다. 방어의 수준에 따라 정신증적 적응기제, 미성숙한 적응기제, 신경증적 적응기제, 성숙한 적응기제가 있다. 청소년기와 가장 관계가 있는 것은 미성숙한 적응기제로 신체화, 공상, 행동화, 소극적 공격성, 투사이다. 이들을 예를 들어 설명하면 다음과 같다. 선생님과 사이가 좋지 않은 학생을 대상으로 할 때, 신체화는 신체질병으로 인한 고통을 지나치게 호소하는 것이다. 공상은 영웅이 악한 인물을 물리치는 소설, 영화, 만화책 등에 빠져드는 것이고, 행동화는 선생님의 기대나 규칙에 반하는 행동을 해 학교에 물의를 일으키는 것이다. 또한, 소극적 공격성은 선생님에게 뻐딱한 행동을 보이거나 자해를 하는 것이고, 투사는 선생님이 자신을 미워한다고 생각하는 것이다. 이런 기제를 미성숙하다고 하는 이유는 이 방법들이 당장은 내면의 고통을 덜어주는 것 같지만, 오히려 주변 사람들과의 관계를 더 나쁘게 해서 더 어려운 상황으로 몰아가기 때문이다(노미애, 2012).

4 청소년기의 인지발달

1) 추상적 사고기능(형식적 조작기)

청소년기에는 아동기에 비해 훨씬 추상적 사고가 가능해진다. 피아제의 인지발달 중 '형식적 조작기'[7]에 해당하는 시기로 가설적, 연역적, 체계적 사고가 가능해진다. 따라서 좀 더 이상적이었으면 하는 특성들에 대해서 생각하고 이를 비교하기도 하며, 미래에 대한 상상도 늘어난다.

2) 상상적 청중(imaginary audience, 자기중심적 사고)

'상상적 청중'은 주변 사람을 끊임없이 의식해, 모든 사람이 자신을 칭찬하거나 비난한다고 상상하는 것을 말한다. 다시 말해 자신은 주인공인 듯 여기고 다른 사람들이 자신을 바라보고 있다고 생각하는 것이다(Ingagki, 2013; Rai, Mitchell, Kadar, & Mackenzie, 2014). 부모님이 속삭이는 소리를 듣고 자기 이야기를 한다고 여기거나, 길모퉁이에서 또래 아이들이 웃으며 이야기 나누는 것을 보고 자신을 비웃는다고 생각하는 것이다. 상상이고 착각이다. 자기중심적 사고가 나타나는 시기이기 때문이다. 이 시기의 청소년은 타인이 자신을 끊임없이 바라보고 평가하는 것 같은 느낌 속에 살고 있다. 그래서 때로는 우월해 보이고 싶어 하지만, 반대로 남과 비슷해져서 비난을 피하고 싶어 하기도 한다(노미애, 2012). 청소년기의 유치하게 웃기려는 행동, 변덕스러운 행동 그리고 튀는 옷차림 등이 이런 인지 변화로 인해 나타나는 행동으로 볼 수 있다.

사례 7   C·A·S·E

"중2 딸을 둔 엄마 E입니다. 요즘 딸이 노스페이스 재킷을 사 달라고 너무 졸라 대

---

7) 스위스의 심리학자이자 생물학자인 피아제(Piaget)의 인지발달이론 중 '제4단계'로 가설 설정과 논리적 추론이 가능해지는 '11~15'세의 발달 단계를 일컫는다.

서 고민입니다. 학교에서도 사복을 입히지 말라고 하고, 학생이 입기엔 재킷이 너무 비싸서 안 사 주었습니다. 그랬더니 다른 애들이 모두 자기를 비웃는 것 같다고 하네요. 또 노스페이스 재킷을 입지 않으면 왕따 당한다고도 하는데, 재킷을 꼭 사줘야 할까요?"

(출처: 14살 마음의 지도, 노미애, 북멘토)

3) 자기 신화(personal fable, 자기중심적 사고)

다른 사람한테 일어날 수 있는 일이 자기한테는 일어나지 않을 거라고 믿는 경향성을 말한다. 또한, 자신의 감정과 생각은 매우 독특해서 다른 사람들이 이해할 수 없을 것이라는 생각을 하기도 한다(Alberts, Elkind, & Ginsberg, 2007). 이런 인지 변화도 상상적 청중과 같이 자기중심적 사고에서 비롯된 마술적 믿음일 뿐 현실이 아니다.

그래서 이 시기의 청소년들은 보호장비 없이 오토바이를 타기도 하고, 피임약 없이 성관계를 하거나, 폐암 같은 것은 아랑곳하지 않고 담배를 피우기도 한다(노미애, 2012). 그러나 이런 사고가 부정적인 행동만을 이끄는 것은 아니며, 이 시기의 자기중심성은 부모로부터 독립하기 위한 역할 실험이나 갈등을 뒷받침하는 발달상의 기제로 이해되기도 한다(Lapsley & Murphy, 1985). 부연하면, 이 시기의 청소년들은 역할 실험을 하고 때론 독립을 하기 위해 부모와 갈등을 빚기도 하는데, 자기중심적 사고를 하지 않고 타인을 배려하면 이런 행동을 하기 어렵기에 자기중심적 사고가 커진다는 것이다.

사례 8 ▶　　　　　　　　　　C·A·S·E

"저는 중1 남학생 G입니다. 부모님은 이혼했고 저와 형은 엄마랑 살아요. 저는 스쿠터를 좋아하는데 엄마와 선생님의 잔소리 때문에 피곤합니다. 엄마는 보호장비를 안 하면 스쿠터를 없애 버리겠다고 협박하고, 선생님은 무조건 타지 말라고 해요. 그런데

별로 위험하지도 않은 스쿠터를 타면서 보호장비를 다 하면 애들이 저를 비웃을 겁니다. 왜 어른들은 별걸 다 간섭하죠?"

(출처: 14살 마음의 지도, 노미애, 북멘토)

5 청소년기의 심리 부적응

1) 질풍노도(A period of storm and stress)의 시기

청소년기는 소년이 청년으로 성장하는 과도기이다. '독립'이라는 성인의 특성을 획득하기 위한 노력은 심리적 위기를 초래할 만큼 힘든 과제이다. 특히 발달 과제 수행을 위한 이 시기의 변화는 가히 폭발적인데, 신체적·인지적·성적·정서적·사회적 변화의 속도가 모두 일정하지 않다. 따라서 많은 청소년들이 혼란을 경험하며 심리적 부적응의 상태를 나타내는데 이런 과정이 대체로 건강한 발달을 의미한다는 것이 많은 심리학자들의 의견이다. 이를 구체적으로 살펴보면 다음과 같다.

첫째, 청소년 심리학의 아버지로 불리는 G. Stanley Hall은 최초로 청소년기를 과학적으로 연구한 학자로 청소년기를 '질풍노도의 시기'로 설명하였다. 그는 그의 기념비적 저서 『청소년기(Adolescence)』에서 청소년기의 혼란은 성장 과정 중 과도기적 특성에서 기인한 것이며, 그로 인해 긴장과 혼란을 겪게 된다고 하였다(Hall, 1904). 이런 과정을 통해 인간은 성장하고 성숙하는데, 그 변화의 폭이 마치 다른 완전한 인간으로 거듭나는 과정과 같다고 하여 청소년기를 '새로운 탄생'의 시기로 비유하였다.

둘째, 프로이트의 딸 Anna Freud도 청소년기의 중요성을 강조하였다. 그녀 역시 청소년들이 나타내는 혼란과 방황을 해결되지 않은 오이디푸스 콤플렉스가 다시 나타나는 과정으로 설명했다(정옥분, 2006). 특히 '청소년들이 성격장애 증상을 보이는 것은 정상발달로 볼 수 있다'고 하면서 이들의 정서적 불안정, 내적 갈등 등을 이 시기의 특징으로 꼽았다. 미성숙한 적응기제는 물론이고, 억압, 부인, 퇴치, 지성화 등의 적응기제도 사용하는 경향이 있다고 했다(연문희, 강진령, 2002; 정태연, 최상진, 김효창, 2002).

셋째, 발달 심리학의 대가 Erik Erikson은 '자아 정체성'이라는 용어를 명명한 것에서 살펴볼 수 있듯이 청소년기의 중요성을 역설한 대표적 심리학자이다. 에릭슨은 발달 위기를 극복하고 성숙한 인간으로 덕성을 획득하기 위해 '통합'의 과정을 중시했다. 이는 '정체성' 확립을 위해 역할 혼미의 과정(정체성에 대한 고민과 역할 실험을 하는 탐색 시간)이 공존해야 하며, 청소년기는 이런 과정을 겪어내는 심리적 유예의 기간으로 의미가 있다는 것이 그의 주장이다(Erikson, 1993, 1994; 이은희, 정순옥, 2006; 최혜경, 2012).

넷째, 한국의 대표적 정신의학자 이시형 박사도 청소년기의 발달에 대해 '정상적 정신분열증'이라는 표현을 쓰며, 이 시기의 혼란은 정상발달임을 지지하였다(이시형, 1994). 정신의학 편람에 한국의 문화적 특성에 기인한 '화병'을 등재시킬 정도로 건강한 정신과 인간의 성숙에 대한 관심이 많았던 그 역시 청소년들이 힘든 시기를 겪는 것을 정상발달로 보고 이해할 것을 강조한 것이다.

이처럼 많은 심리학자들과 정신의학자들은 청소년기의 혼란을 정상적인 건강한 발달 과정의 일부로 보고 이들에 대한 이해와 사랑이 필요함을 역설했다. 특히 이 시기의 발달은 초기 고통과 충족되지 못한 어린 시절의 욕구들(외로움, 분노 등)이 밖으로 표출되기도 하는 시기이며 동시에 미성숙한 적응기제를 사용하여 타인을 힘들게 하는 방법으로 나타나는 시기이다. 따라서 이들을 지켜보고 돌보는 일은 매우 힘든 일이다. 그러나 이들의 아픔과 상처와 미숙함은 타인의 수용과 이해를 통해 변화하고 성장한다. 따라서 이들과 함께 소통하는 교사나 부모를 비롯한 여러 주체들은 이런 과정을 이해하고 인내하고 수용하는 지혜가 필요하다.

2) 불안(공황)장애, 우울장애, 섭식장애

청소년기의 혼란이 정상적인 건강한 발달 과정이라는 많은 심리학자들과 정신의학자들의 견해에도 불구하고, 실제로 심각한 심리적 부적응을 보이며 병리적 증상을 나타내는 일부 청소년들이 있다. 이들은 그 정도가 심하며 장기간에 걸쳐 예후가 좋지 않을 수 있기에 세심한 관찰과 돌봄이 필요하다. 여기 언급한 외에도 여러 부적응들이 있지만, 청소년기의 심리적 부적응의 가장 대표적인 3가지 불안장애, 우울장애, 섭식장애에 대해 간단히 살펴보도록 하겠다.

가. 불안장애

불안장애는 비정상적 불안과 공포로 현실적응에 어려움을 일으키는 장애이다. 막연한 상태로 두려움을 느끼기도 하고, 특정한 상황이나 사물 또는 사람에 대해 공포를 느끼기도 한다(김정민, 2008; 정순례, 양미진, 손재환, 2010; Edna B. Foa., 2010). 정상적인 성인도 어느 정도의 불안은 종종 경험하는 만큼 청소년기의 약간의 불안은 일반적이라 해도 과언이 아니다. 그러나 그 정도가 심하여 적응상에 문제를 일으키는 경우 주의와 관심이 필요하다. 특히 최근 청소년들에게 특정 행동을 반복하는 강박증과 불안장애의 하위 분류인 공황장애가 임상에서 흔히 관찰되는 바 이에 대한 관심이 요구된다. 공황장애는 갑자기 엄습하는 강렬한 불안인 공황발작을 경험하는 장애로 공황발작이 일어나면 죽을 것 같은 느낌을 갖기에 매우 고통스럽다. 이 외에도 시험 공포증, 대인 공포증, 학교 공포증 등이 나타나며 주로 청소년기에 시작되는 것으로 보고되고 있는 만큼 이런 증상들이 나타나 적응상의 어려움을 겪는 경우 전문가의 도움을 받아보는 것이 좋다.

사례 9

C·A·S·E

재수생 G군의 어머니는 아들의 불안 증세가 심해져 상담을 받으러 왔다. 아들은 하루에도 여러 번 욕실에서 1시간 이상을 씻고, 팬티는 땀이 찬다며 하루에 6~7장 정도를 갈아입는다고 했다. 재수 학원에 가는 것을 무척 두려워하고 근래에는 방에서 거의 나오지 않으며, 급기야는 잘 먹지도 않아서 체중도 6개월 사이에 10kg 정도 줄었다고 했다. 정신건강의학과에 내원한 결과 불안장애로 진단을 받았고, 엄마의 상담이 도움이 되리라는 의사의 권유로 임상 상담을 시작했다.

상담이 진행되는 동안 G군의 엄마는 자신의 트라우마를 털어놓았다. 20살에 아버지가 교통사고로 갑작스럽게 돌아가신 후, 장애인인 엄마를 대신하여 가장역할을 하며 살았다고 했다. 쉴 틈 없는 직장생활을 하며 이젠 간부급으로 승진한 상태이지만 항상 준비하고 일하지 않으면 다시 위기가 오고 대처하지 못할 것 같은 불안감에 긴장 상태에 살고 있다고 했다. 또한 과거를 회상하며 대학 생활 당시 본인도 아무와도 자신의 힘듦을 나눌 수 없어 불안장애(공황발작) 수준의 증상을 경험했고 자살까지 생각한 적도 있다고 털어놓았다. 그렇게 부정적 감정들이 해소되자 통찰을 하며, "우리 아들도 그런 심정일까요?"라는 말과 함께 자기 자신과 아들과의 관계를 돌아보기 시작했다. 이후 G군의 엄마는 아들에게 "대학에 가고 사회에 나가는 게 두려울 수 있지. 네가 필요한 만큼 엄마가 기다려주고, 도와줄게."라며 아들의 심정을 공감했다. 이후 엄마 스스로 정서안정을 위해 노력하고 아들과의 의사소통도 증진한 결과 아들의 불안 증세가 호전되었다.

(출처: 상담자 R의 사례 중 요약 인용)

나. 우울장애

청소년기의 우울증은 비교적 흔하다. 우울증은 기분이 저조한 상태로 대인관계 위축이나 철수, 무기력, 수면장애, 섭식장애 등을 동반하기도 한다(김교헌, 2004; 안동현, 2009; 정순례, 양미진, 손재환, 2010). 청소년기의 우울증 원인은 다양한데, Seligman(1989)에 의하면 계속된 실패 경험으로 인한 학습된 무력감도 큰 원인이 된다고 본다.

청소년기에는 가면 우울증(Masked depression)도 많이 관찰된다. 이는 우울한 기분이 마치 가면을 쓰고 있는 것처럼 겉으로 드러나지 않는 우울증으로 표면적인 증상은 다르나 그 원인이 일반 우울증과 같아서 가면 우울증이라 한다. 복통, 요통, 흉통 등 신체적 호소가 많다. 슬픔이나 고통을 표현하는 대신 강박적 중독적 행동을 하기도 해서 세심한 관찰과 주의가 필요하다(나철, 1992). 심하면 자해나 자살로도 이어질 수 있어 수개월간 지속되면 전문적인 도움을 받아보는 것이 좋다.

다. 자살

청소년기의 자살은 증가 추세이다. 지나친 경쟁과 입시 그리고 폭력 등으로 인해 불안과 좌절을 경험한 청소년들이 극단적 선택을 하고 있다. 그러나 그들의 극단적 선택은 고통을 표현하는 것이며 관심을 얻으려는 수단이기도 하기에 주변 사람들의 관심과 도움이 필요하다. 특히 자살 충동은 대개 24시간에서 최장 48시간 이후는 감소하는 경향이 있으므로(육성필, 조윤정, 2019), 이런 위기에 처한 청소년을 발견했을 때는 힘든 순간 함께해 주고, 이후는 전문가의 도움을 받도록 연계해 주는 것이 매우 중요하다.

라. 섭식장애

섭식장애는 먹는 것과 관련된 장애로 건강이 염려될 정도로 과도하게 안 먹는 '신경성 식욕부진증(Anorexia Nervosa, 일명 거식증)'과 습관적으로 과도하게 먹고 토하기를 반복하는 '신경성 폭식증(Bulimia Nervosa)'이 있다. 이 중에서도 거식증으로 진단될 경우 건강에 치명적인 문제가 생길 수 있어서 입원치료를 권한다(노미애, 2012).

대부분의 청소년들은 부적응적인 증상을 보이더라도 일시적이며 대체로 심하지 않게 이 시기를 보낸다. 그러나 부적응의 정도가 심하고 장기간 지속될 경우 전문가의 도움을 받아보길 권할 필요가 있다.

Ⅱ 청소년 이해를 위한 교사의 자세

1 청소년기의 방황의 의미

흔들리며 피는 꽃

도종환

흔들리지 않고 피는 꽃이 어디 있으랴
이 세상 그 어떤 아름다운 꽃들도
다 흔들리면서 피었나니
흔들리면서 줄기를 곧게 세웠나니
흔들리지 않고 가는 사람이 어디 있으랴

(출처: 사람의 마을에 꽃이 진다, 도종환, 문학동네)

청소년기는 혼란과 방황의 시기이다. 그러나 산이 높으면 골이 깊은 만큼 혼란과 방황은 통합될수록 충직한 성인으로 성장하는 밑거름이 된다. 이 시기의 부모와 교사는 청소년기의 친구 관계 이상의 중요한 타자(significant other)로서 정체감 형성과 성장을 위해 좋은 관계를 제공해 줄 수 있는 존재이다. 부모와 교사는 청소년의 이러한 발달적 특성을 이해하고 인내로 수용하며 도움이 필요할 때는 소통하고 도와줌으로써 그들의 성장과 잠재력 실현을 돕는 지혜가 필요하다.

2 칼 로저스(Carl Rogers)의 인간중심 상담자의 자세

1강에서 이미 설명한 내용이다. 성과중심이나 문제중심이 아닌 인간중심의 자세, 즉 무조건적 긍정적 존중, 공감적 이해, 진정성의 자세로 교사 자신을 대하고, 학생도 이런 자세로 대하는 것이 필요하다. 사람은 가까운 관계에서는 자신을 대하는 방식으로 타인을 대하기 때문이다. 교사와 학생은 부모 자녀 관계만큼 가까운 관계일 수 있다. 따라서 교사 자신이 자신을 먼저 가장 소중한 인간으로 대접하고, 이런 자세를 학생과의 관계에도 적용하면 서로 소통하고 성장을 촉진하는 관계를 맺는 데 도움이 될 것이다.

빌드업 스쿨: 교사학생의 효과적 의사소통

3강

의사소통의 실제 I – 너의 마음 듣기

서울상담심리대학원대학교 마음건강연구소

3강 — 의사소통의 실제 I — 너의 마음 듣기

I 의사소통의 전제조건

1 마음이 통하는(소통하는) 대화란?

"말 한마디에 천 냥 빚을 갚는다."라는 말이 있다. 의사소통이 원활히 이루어져서 마음이 통하는 대화가 이루어졌을 때 얻을 수 있는 효과를 나타내는 표현이라 할 수 있다. 말은 그만큼 인간관계를 맺는 데 중요한 요소이며 말을 통해 마음이 통하도록 대화하는 기술은 행복한 삶과 자녀 양육 및 학생 교육을 위한 필수적 기술이다. 마음을 나누는 의사소통을 위한 대화의 기술은 실제로 많은 연습과 훈련을 통해 획득할 수 있는 것임에도 불구하고, 언어습득이 통상 생득적 기능으로 여겨지는 이유로 간과되어 왔다. 이에 본 교육에서는 마음이 통하는 대화란 어떠한 것인지를 살펴보고, 그 구체적 기술을 제시하고자 한다.

1) 사리대화와 심정대화의 개념

우리가 일상에서 나누는 많은 대화는 지식과 정보를 주고받는 대화이다. 이러한 정보 전달을 목적으로 생각을 전하는 대화를 사리대화(事理對話)라 한다. 반면에 대화는 생각과 정보만을 주고받는 것이 아니라 마음속의 감정을 주고받기도 하는데, 이러한 대화를 심정대화(心情對話)라 한다(최상진, 2000; 한성열, 2021). 실제 사람들은 이 두 가지 대화를 혼용한다.

그런데 이 중에서 의사소통에 중요한 대화는 마음이 통하는 대화로 심정대화를 말한다(한성열, 한민, 이누미야 요시유미, 심경섭, 2015). 이를 구체적으로 설명하면 다음과 같다. 문화 심리학적으로 볼 때, 언어는 인간의 내면과 문화를 이해하는 데 중요한 도구로 사용된다(한성열 외, 2015). 우리의 언어 표현을 살펴보면 '머리가 잘 통해서 좋다'는 표현보다 '마음이 잘 통해서 좋다'는 표현을 주로 쓴다. 사리대화에서 오가는 생각을 머리로 하는 것이라 통칭하고, 심정대화에서 오가는 감정을 마음이 하는 것이라 통칭해 보면 소통에 있어 심정대화가 중요함을 알 수 있다. 한국인에게 있어서 마음은 심정을 나타낸다(한성열 외, 2015).

일반인의 경우에도 의사소통에는 심정대화가 중요한데, 청소년을 대상으로 하는 대화에서는 특히 더 중요하다. 청소년은 뇌가 폭발적으로 발달하는데, 이 중에서도 특히 편도체가 발달하면서 편도체의 역할인 감정 영역이 확장된다. 그래서 청소년은 의사소통에 있어서 생각보다는 감정의 영향을 받고 감정적 소통이 이루어질 때 의사소통을 위한 마음을 연다(김서영, 김성희, 2016; 최성애, 조벽, 2012; Feinstein, S. G., 2009). 청소년은 아이에서 어른으로 크게 성장하고 발전하는 시기이고(공인숙, 이은주, 이주리, 2005). 이때 교사와 부모는 이들이 잠재력을 꽃피우도록 긍정적인 영향을 끼칠 필요가 있다. 따라서 청소년을 대상으로 교육하고 상담하고 의사소통을 하려는 교사나 학부모는 심정대화의 중요성을 이해하고 그 기술을 익혀 의사소통에 활용할 필요가 있다.

2) 사리대화와 심정대화의 차이점

학교에서 교사가 학생을 가르치는 상황을 생각해 보자. 2차 방정식을 가르쳐야 하는 상황에서 교사가 "교과서 아무 쪽이나 펼쳐놓고 생각해 봐라."라든지, "아무거나 하고 싶은 대로 해라."라고 한다면 학생은 수학을 배울 수 없을 것이다. 또한, 환자가 의사에게 진료를 받으러 간 상황을 생각해 봐도 마찬가지다. 환자가 "제가 어디가 아픈지 맞춰보세요."라든지, "아픈 게 뭐예요?"라고 말한다면 의사가 환자의 상태를 알아차리고 진료할 수가 없을 것이다. 즉, 교사가 학생을 가르치는 상황이나 의사가 환자를 문진할 때처럼 지식과 정보를 제공하는 사리대화를 할 때는 정확한 지식과 정보를 '말하는 것'이 중요하다.

그러나 일상대화 중에서 행해지는 심정대화에서는 말하는 것보다 '듣는 것'이 중요하다. 예를 들어, 교사가 성적 부진으로 보충학습을 하는 학생에게 과제를 주었더니 학생이 "선생님 숙제가 너무 많아요."라고 말하는 상황을 가정하고 다음 두 교사의 반응을 살펴보면 다음과 같다.

A 교사: "숙제가 많다니... 그 정도도 안 해서 어떻게 성적을 올리겠니? 여태 그런 식으로 해서 공부를 못하는 거야."
B 교사: "숙제가 많아서 힘든가 보구나."

먼저, A 교사의 반응을 살펴보면 A 교사는 학생이 말한 정보에 반응해서 답을 했다. 학생이 공부(숙제)를 적게 해서 연습 부족으로 공부를 못하고 현재 보충학습을 하기에 그 점을 지적한 것이다. A 교사의 표현은 학생에게 정확한 정보를 전달한다는 측면에서 보면 "너는 더 공부를 해야 해."라는 메시지를 전달하려 한 것으로 볼 수 있을 것이다. 그러나 학생의 입장에서 보면 그런 메시지는 이미 알고 있는 내용이며, 본인도 알고 있으나 잘되지 않는 것인데, 그런 점을 지적하는 순간 기분이 나빠질 수 있다. 이런 상황을 최근 신조어 표현에 따르면 '팩트 폭행(사실을 기반으로 상대방이 감추고 싶어 하는 사실을 지적하는 행위)'이라 한다. 이런 식으로 정보 전달을 위해 사실에 기반하여 사리대화로 반응하면 상대는 기분이 나빠지고 상대방은 더 이상 말하고 싶지 않거나, 말문이 막힐 수 있다.

반면, B 교사의 반응을 살펴보면 B 교사는 학생이 말한 심정에 반응해서 답을 했다. 학생은 성적 부진으로 보충학습을 하는 상황이 창피할 수 있음에도 불구하고, 교사에게 솔직하게 심정을 말한 것이다. 이때 B 교사는 이런 학생의 심정에 반응해서 '힘들다'는 심정을 교사가 알아들었음을 말로 되돌려 주었다. 이렇게 학생의 말에 심정 듣기로 대답하면 학생은 '선생님이 내 마음을 알아주는구나.'라는 느낌이 들면서 더 대화를 이어 가고픈 마음이 생길 수 있다. 이처럼 심정대화는 상대의 심정에 반응하여 상대의 마음을 '듣는 것'이 중요하며 이는 관계 맺기의 기본적 원칙이다.

이렇게 중요한 상대의 심정을 듣는 방법은 크게 세 가지 방식이 있다.

첫째는, 상대방의 말을 '열린 마음으로 듣는 것'이다. 사리대화를 하다 보면 의식적 무의식적으로 상대방의 말에 대해 무슨 답을 할지 생각하려는 경향이 있다. 그런데 그런 식의 대화를 하다 보면 간과하는 것이 답할 말을 생각하다가 상대방의 말을 잘 알아듣지 못하는 것이다. 우리는 누군가가 내 말을 잘 들어준다는 느낌이 들 때 친밀감을 느끼고 대화를 더 이어 가고 싶어 한다. 상대의 말의 잘 듣기 위해서는 일단 내가 하고 싶은 말은 잠시 내려놓고 열린 마음으로 상대의 마음을 듣는 여유가 필요하다.

둘째는, 상대방의 말에 '주의를 기울이며 묵묵히 듣는 것'이다. 이를 심리학에서는 소극적 경청(passive listening)이라 한다(psychologytoday.com). 그런데 실제로 이런 방식으로 상대방의 이야기를 듣기는 쉽지 않다. 왜냐하면 이렇게 계속 듣고만 있으면 대화가 오가는 느낌이 없어서, 상대방이 더 이상 말하지 않거나 듣는 사람이 중간에 끼어들어 자신의 이야기를 하고 싶어지기 때문이다. 그래서 상대방의 말을 들으려면 자신의 말을 잠시 접어두고 상대를 기다릴 줄 아는 미덕이 필요하다. 기다림엔 "너의 이야기를 듣고 싶고 너의 마음을 알고 싶어."라는 무언의 메시지가 있기 때문이다. 원활한 의사소통을 하고 좋은 관계를 맺는 데 중요한 덕목 중의 하나는 '기다림'이다 (노미애, 2015).

셋째는, 상대방의 말의 내용은 물론 감정에 귀 기울이며, 속뜻을 알아듣고, 피드백하며 듣는 것이다. 이것을 심리학에서는 적극적 경청(active listening)이라 한다(강진령, 2007; 노미애, 2015; Gordon, 1975). 이는 소극적 경청과 달리 듣는 사람이 적극적으로 대화에 참여하며 듣는 것을 말한다. 예를 들면, 말하는 중간에 '그래', '응', '맞아', '그렇구나', '너는 (… 감정을) 느끼는구나' 등으로 맞장구를 치며 듣는 것이다. 또한 '그래서?', '그 부분은 무슨 뜻이야?'처럼 잘 이해되지 않는 부분은 질문해 가며 자세히 듣는 것이다. 특히, 이때 중요한 것은 상대의 감정에 초점을 맞추어 듣는 것이다(노미애, 2015; 이장호, 금명자, 2008). 전술한 바와 같이 마음이 통하기 위해서는 감정을 들어야 하기 때문이다. 실제로 심정대화를 하기 위해서는 말을 듣는 사람이 자신이 말할 차례에 적극적 경청의 여러 방법들로 답해주는 것이 중요하다. 적극적 경청의 기술은 여러 가지가 있으며 이 기술은 다음 장에서 자세히 소개하도록 하겠다.

Ⅱ 듣기(적극적 경청)의 기술

1 감정 반영하기(Reflecting)

　심정대화를 하기 위해서는 감정에 초점을 맞추어 듣는 연습이 필요하다. 이것을 심리학에서는 '공감적 이해(empathic understanding)'라 하는데, '공감적 이해'란 상대의 말 속에 들어있는 감정을 내가 경험한 것처럼 이해하는 것을 일컫는다(이장호, 금명자, 2008; 홍종관, 2016; Weinberger, 2006). 적극적 경청의 기술 중 감정의 반영을 위해서는 이러한 '공감적 이해'를 통해 느낀 감정을 듣는 사람이 자기가 말할 순서에 말로 표현해 주는 것이 필요하다(강진령, 2007).

　대화는 말을 하는 사람(話者)과 말을 듣는 사람(聽者)이 번갈아 가며 말을 하는 과정을 포함한다. 만약 말하는 사람만 말하고, 듣는 사람이 듣지 않는 상황이 된다면, 이것은 독백(獨白)이 될 것이다(한성열, 2021). 대화가 되기 위해서는 말하는 사람과 듣는 사람이 번갈아 말을 해야 하는데, 듣는 사람이 반응하는 과정에 심정대화의 듣기 기술이 필요하다. 아래의 대화 상황을 보며 자세히 살펴보도록 하겠다.

> **감정 반영하기의 예시(A 교사 vs B 교사)**
>
> 학생: 선생님, 다른 반 (학교 일진) 애들이 우리 반에 들어왔어요.
> A 교사: 그래? 놀랐겠구나.
> 학생: 네. 그 애들 엄청 무서운 애들이에요. 빨리 와 주세요.
> --
> 학생: 선생님, 다른 반 (학교 일진) 애들이 우리 반에 들어왔어요.
> B 교사: 뭐 그런 일로 교무실까지 오니? 그 애들도 알고 보면 나쁜 애들 아니야.
> 학생: 네... (말없이 고개를 떨구고 돌아감)

한 학생이 학교의 불량한 학생들(학교 일진)이 교실에 들어 온 상황에 대해, 교사의 대처를 살펴본 것이다. A 교사는 "놀랐겠구나."라며 학생의 심정에 반응하는 대화를 하였다. 이런 반응을 보였을 때 학생은 '선생님이 내 마음을 이해해주시는구나.'라고 느낄 수 있고, 이 상황이 지난 뒤에도 학교의 불량한 학생들과 A 교사의 반 학생들 사이에 발생한 일이나, 그 외 관련 정황에 대해 대화를 이어 갈 가능성이 커질 것이다. 반면, B 교사는 학생의 정보에 대해 '사리대화'로 답함으로써 말문이 막히게 한 것을 볼 수 있다. B 교사와 같은 반응을 보이면 이후 학생들은 B 교사와 대화하려 하지 않고, 교사가 관련 정황에 대해 모르게 될 가능성이 높다.

이렇게 듣는 사람은 말하는 사람의 말을 심정대화로 반응해 주는 것이 중요한데, A 교사의 반응을 통해 감정 듣기 방법의 주안점을 살펴보겠다. 첫째는, 듣는 사람이 말하는 시점에 주어를 '너'로 말하는 것이다. A 교사의 말의 생략된 부분을 넣어 완성해 보면, "그래? (네가) 놀랐겠구나."이다. 반면, B 교사의 말도 완성해 보면, "(너는) 뭐 그런 일로 교무실까지 오니?, (내가 생각해 보니) 그 애들도 알고 보면 나쁜 애들 아니야."인 것을 알 수 있다. B 교사의 말 중 앞 문장은 학생을 비난한 것이고, 뒤의 문장은 교사가 하고 싶었던 말이라 볼 수 있는데, 이것은 교사의 생각을 말한 것으로 '나'를 주어로 하고 있는 것을 볼 수 있다. 즉, 대화는 말하는 사람과 듣는 사람이 번갈아 말을 하는 것인데, 심정대화는 듣는 사람이 주어를 '너'로 함으로써, 듣는 사람과 말하는 사람이 번갈아 말하는 형식이 되지만, 결국 내용상 말하는 사람만 주어로 말하는 효과가 있어, 듣는 사람은 말하는 사람의 말을 온전히 듣게 되는 것이다(노미애, 2015).

둘째는, 듣는 사람이 말하는 사람의 '감정'을 읽고 말해주는 것이다. B 교사가 학생에게 자신의 생각을 가르치려 한 것과는 달리 A 교사는 학생의 감정에 반응하여 "놀랐겠구나."라는 말로 표현해 주었다. 이렇게 상대의 감정을 이해하는 것을 '공감적 이해'라 하고 이것을 말로 표현하는 것이 감정 듣기의 기술의 핵심이다. A 교사는 일상의 대화에서 이것을 자연스럽게 실천함으로 앞으로 대화가 지속될 가능성을 연 것이다. 이와 같은 '감정 듣기' 기술의 주안점을 종합해 보면 "너는 (~한 감정)을 느끼는구나."라는 문장으로 요약해 볼 수 있다(노미애, 2015). 듣는 사람이 이런 식으로 말하는 사람이 자기가 말할 차례에 자신의 생각을 잠시 내려놓고 말하는 사람의 심정을 듣는 대화를 지속하면, 말하는 사람은 듣는 사람이 '내 말을 잘 들어주는구나.', 또는 '내 심정을 알아주는구나.'라고 느끼면서 더 소통하게 된다.

2 거울처럼 반영하기(Mirroring)

거울처럼 반영하기(Mirroring)는 말하는 사람의 말의 내용을 정확하게 비추어 되돌려 주는 과정이다. 가장 흔한 형태의 '반영하기'는 상대방이 한 말을 그대로 듣는 사람의 말로 말하는 것이다(임용자, 2010; Brown. R., 2009). 이런 기술은 반영하기의 영어표현과 같이 거울(Mirror)처럼 그대로 받아주는 것이다.

이런 방법은 대체로 대화 도중 상호 간 감정적이 될 때나 친밀한 관계에서 갈등이 생겼을 때 사용하면 좋다. 왜냐하면 대화가 진행되는 동안 감정적이 될 때, 뇌가 대뇌피질(cotex)을 활용하여 이성적으로 숙고하는 것이 아니라, 뇌간(brain stem)과 변연계(limbic system)를 활용하여 감정적이고 습관적으로 반응하여 과거의 나쁜 습관대로 반응하기 쉬운 상태가 된다[8](Brown. R., 2009). 이런 상황에서는 서로 간에 사소하게 다른 표현에도 서로 심정이 통하지 않는 느낌을 받기 쉽다. 따라서 이런 순간에 거울처

---

8) 뇌간(brain stem)은 파충류의 뇌(reptilian brain)라고 불리고, 대뇌 변연계(limbic system)는 포유류의 뇌(mammalian)라고 불린다. 이 두 부분은 오랜 기간 존재해 왔다고 하여 '오래된 뇌(old brain)'라고도 하고 좀 더 본능적이고 충동적인 기능을 담당하기에 '반응하는 뇌(reacive brain)'라고도 한다. 반면, 피질(cotex)은 생각을 떠오르게 하며 인간에게만 유일하게 존재하는 부분으로 '숙고하는 뇌(reflective brain)'라고 한다(Brown. R., 2009).

럼 반영하기를 해주면, 거울은 공격하거나 방어하지 않기에 서로 안전한 느낌이 들면서 대화를 진행할 수 있다.

거울처럼 반영하기 기술은 '습관적으로 감정적으로 반응하는 뇌'를 잠잠하도록 하여 대화를 돕는 구체적 방법이다. 실제 표현 방법은 "그러니까 네 말은 ..."과 같은 말로 시작하여 상대의 말을 반복해 주는 것이다. 이렇게 듣는 사람이 언어로 표현을 해주면, 말하는 사람은 '예', '그래요'라는 반응을 하면서(이런 반응은 생략될 수도 있다) 말을 지속하여 대화가 이어질 수 있다.

거울처럼 반영하기의 예시

(교실에서 학생 C와 D가 다툰 상황. 자주 싸움을 하는 C학생을 불러 따로 대화하는 도중)

학생: (상기된 얼굴로) 선생님은 D에게는 뭐라 하시지 않고, 제게만 뭐라 하시잖아요?
교사: 그러니까 네 말은 선생님이 D에게는 뭐라 하지 않고, 네게만 뭐라 한다는 거지?
학생: 네. (학생의 감정이 가라앉는다)

---

3 재진술하기(Paraphrasing)

재진술하기는 말하는 사람이 말하는 어떤 상황, 사건, 생각, 감정 등을 듣는 사람이 동일한 뜻의 같거나 비슷한 말로 바꾸어 말하는 기술을 말한다(강진령, 2007; 김선경, 김계현, 2004; Hill, 2012). 듣는 사람이 말하는 사람의 말을 재진술해 주면 말하는 사람은 듣는 사람이 자신의 말을 경청하고 있다는 느낌을 받고, 때로는 자신의 말을 다시금 곱씹어 보게 하여 대화의 내용이 좀 더 의식적이고 핵심적인 내용으로 변화하게 하기도 한다. 구체적 표현은 "…한 상황이구나(상황)", "…한 일이 있었구나(사건)" 등이 있다.

(최근 학생이 등교 시간에 종종 지각해서 교무실에 불러 따로 물어보는 상황)

학생: 아빠가 요즘 일을 안 하고 집에 있어요. 대신 엄마가 일하는데, 자꾸 늦고 늦잠을
      자요...
교사: 집에서 그런 일이 있어서 늦었구나.

4 명료화(Clarification)

명료화는 말하는 사람의 말이 모호하게 여겨질 때, 구체적으로 파악하기 위한 방법
이다(강진령, 2007; 소미영, 2012). 대개는 말의 내용의 일부를 반복하면서 중요한 내용에
대해 "…은 …이라는 뜻(의미)인가요?" 등으로 질문하는 방식으로 이루어진다.

명료화의 예시

학생: 엄마가 못 일어나서 (학교에) 늦지 않으려고 아침에 알람도 맞춰놓고 준비하는데,
      동생은 자꾸 늦게 자고 말도 안 듣고 아침에 깨워도 깨워도 안 일어나고 챙겨줘도
      밥도 안 먹고...
교사: 너는 아침에 일찍 등교하고 싶은데, 동생 챙겨주느라 바쁘다는 뜻이지?

5 요약하기(Summarizing)

요약은 말하는 사람이 말한 내용들을 총합하여 같은 의미의 말로 압축하여 말하는
기술로 재진술과 반영하기의 확대 기술이다(강진령, 2007; 이규미, 2017). 이는 듣는 사람
이 들은 모든 내용을 하나의 온전한 메시지나 생각으로 엮는 시도라 할 수 있다
(Brown. R., 2009). 요약은 심정대화의 필수 기법 중 하나이다(Corey & Corey, 2013).

교사: 그러니까 네 말은 최근 아버지가 직장을 잃으셔서 갑자기 집에 계시고, 엄마가 대신 늦게까지 식당일을 하시는데, 엄마가 피곤하셔서 아침에 잘 일어나지 못하시고, 그래서 밥도 못 챙겨주시고, 깨워주지도 못하신다는 거지? 전에는 엄마가 다 챙겨주셨는데 네가 갑자기 혼자 일어나 밥도 챙겨 먹고 동생도 챙겨주고 등교하려 하니 많이 힘들다는 말이지? 맞니?

6 타당화, 인정하기(Validation)

타당화는 말하는 사람이 말한 내용이 논리적으로 이치에 맞는다고 머리로 이해하고 "그 상황에서는 그럴 수밖에 없었겠다."라고 타당성을 부여해 주는 것이다. 여기서 주목할 점은 듣는 사람이 말하는 사람의 메시지를 타당화하는 과정은 듣는 사람이 말하는 사람의 의견에 동의하지 않는 경우에도 가능하다는 점이다. 듣는 사람이 자신의 관점을 내려놓고 말하는 사람의 말에 호기심을 갖고 충분히 듣는다면 말하는 사람의 입장을 이해하고 인정할 수 있다(Brown. R., 2009). 이는 모든 인간은 서로 다르기에 다른 의견을 가질 수 있고 다른 상황에 처할 수 있음을 인정하기 때문이다. 다름을 인정하면 말하는 사람의 말을 머리로 이해하고 인정하기가 수월하다. 구체적 표현은 "네가 …하기 때문에 그렇다는 것이 이해가 된다.", "네가 …하기 때문에 그렇다는 것이 이해가 되네." 등이 있다.

교사: 아빠가 갑자기 직장을 잃어서 집에 계신 것도 힘든데, 엄마도 바쁘셔서 전혀 챙겨주시지 못한다니, 네가 힘들다는 말이 이해가 되네. 엄마가 그렇게 잘 챙겨주셨었는데, 갑자기 혼자 다 해야 하고 동생까지 챙겨줘야 한다니 아침에 바빠서 지각하는 게 이해가 된다. 선생님이 너라도 갑자기 그런 상황이 되면 쉽지 않을 것 같네.

7 공감(Empathy)

공감은 듣는 사람이 말하는 사람의 감정을 자신도 그렇다고 느끼는 과정으로, 말하는 사람이 느낀 경험세계에 참여하고 들어가려는 노력이라 할 수 있다(Brown. R., 2009). 이는 감정 반영하기의 높은 수준에 해당하는 것으로 감정 반영하기가 단순히 말하는 사람의 감정에 반응하는 수준이라면, 공감은 말하는 사람의 깊이 있는 감정을 듣는 사람이 자신의 경험처럼 함께 느끼고 그의 내면에 있는 성장 동기까지도 읽어주는 것을 말한다(연문희, 2004). 이렇게 대화를 하면 말하는 사람은 자신의 있는 그대로의 존재 자체가 온전히 수용되는 느낌을 받으면서 깊은 내면을 드러내고 마음이 통하는 의사소통을 하게 된다.

공감은 자칫 타당화와 혼동되기 쉬운데, 타당화는 듣는 사람이 말하는 사람의 입장을 말하는 사람의 입장에서 머리로 이해해 주는 것이라면, 공감은 듣는 사람이 말하는 사람의 입장을 말하는 사람의 입장에서 가슴으로 느끼는 것이라 할 수 있다. 실제 심정대화에서는 이 두 가지를 모두 활용하면 좋은데, 한국인은 심정주의 문화를 기반으로 하기에 공감이 더 큰 역할을 하기 쉽다(한성열 외, 2015).

> **공감의 예시**
>
> 교사: 집안 이야기해 주기 쉽지 않았을 텐데, 선생님에게 말해줘서 고맙네. 가족들도 돌봐주고 싶고, 학교생활도 잘하고 싶은데... 여러모로 많이 힘들겠구나...

Ⅲ 적극적 듣기의 실제

1 불통(소통되지 않는) 대화를 소통 대화로 재구성해 보기

• 드라마 <스카이 캐슬> 10회 중 일부

드라마 속 갈등 대화이다. 엄마의 거짓말(우수한 배경을 가진 듯 허세를 부렸던 엄마의 불우한 어린 시절)을 알게 된 딸, 그 후 딸의 시험 성적이 떨어진 상황이다.

딸 1: (크게 신경질적으로 소리 지르며) 나 밥 안 먹어. 안 먹는다고.
엄마 1: 시험은 니가 망쳐 놓고 왜 식구들에게 신경질이야.
딸 2: 내가 누구 때문에 망쳤는데? 엄마 때문에 망쳤잖아. 엄마 때문에 집중할 수가 없었다고.
엄마 2: (소리 지르며) 너 뭔 일 생길 때마다 엄마 핑계 댈 거야? 왜 이렇게 못나게 굴어?
딸 3: 그래, 나 못났어. 엄마 딸이라 못난 거 이제 알았어? (자리를 박차고 나간다)

청소년들은 종종 '밥 안 먹는다'는 말로 자신의 부정적 상태를 표현하곤 한다. 부모는 자식을 먹이고 기르는 본능이 있기에 '밥 안 먹는다'는 말이 매우 걱정스럽게 들릴 수 있다. 때로 매우 힘든 상태에 있는 청소년은 아무런 내색조차 하지 않는 경우도 있는데, 위의 예시처럼 '밥 안 먹는다'는 말을 하는 것은 심정대화가 필요하다는 호소일 수 있다. 그런데 이 대화를 살펴보면 엄마는 말의 내용에 따라 감정을 헤아리기보다는 '사리대화'로 반응한 것을 볼 수 있다. 구체적으로 살펴보고, 심정대화로 반응하는 법을 적용해보도록 하겠다.

딸 1이 "나 밥 안 먹어."라고 말하며 소리 지르는 상황을 보면 딸은 분명 시험을 망치고 식구들에게 신경질을 부리는 행동을 하고 있는 것이 맞다. 그러나 그것은 딸이 말하고 있는 상황과 내용을 엄마가 판단하여 생각한 바를 전달한 것이다. 즉 엄마는 사리대화로 반응한 것이다. 심정대화로 반응하려면 판단을 내려놓고, 딸의 감정을 헤아려보는 것이 필요하다. 이때 딸은 시험을 망쳐서 속상하거나 그 원인이 엄마에게 있다고 생각해 화가 났을 수 있다. 또는 단순히 기분이 나쁠 수도 있다. 이때 이런 딸의 마음을 헤아려본다면 엄마 1은 "많이 화났지?", "많이 속상하지?" 등으로 심정대화를 할 수 있다.

다음으로 딸 2의 말을 보면 '엄마 때문에'라는 말에서 알 수 있듯, 엄마에게 화가 많이 났고, 원망하는 마음이 있음을 직접적으로 표현하고 있다. 이에 대해 엄마 2는 '시험 못 본 것에 대해 핑계 댄다. 못나게 군다'면서 판단하여 비난과 함께 사실에 대한 사리대화로 답하는 것을 볼 수 있다. 딸은 심정대화를 원하는 상황에서 사리대화로 답을 하니, 가슴이 답답해지고 화가 더 나면서 결국 엄마를 공격적으로 비난하고, 대화를 단절한다.

이 상황을 심정대화로 재구성해 보면 다음과 같다. 딸 2의 말처럼 화를 듣는 사람에게 직접적으로 표현할 때는 엄마도 사람인지라 화가 나기 쉽다. 하지만 청소년과 심정대화를 하기 위해서는 이런 순간에 어른으로서 감정을 가라앉히고 딸의 마음을 헤아리는 반응을 하는 것이 지혜롭다. 반응하기 힘들다면, "엄마도 힘드니, 잠시 쉬었다 말하자." 등의 방식으로 타임아웃(time out)하는 것도 방법이다. 쉽지 않겠지만 이런 순간 감정을 가라앉히고 딸의 마음을 살펴보면, 딸이 화가 났고 엄마를 원망하는 것을 알 수 있다. 심정대화로 반응하기 위해서는 "엄마 때문에 화가 많이 났지." 등으로 반응하거나, 더 딸의 심정을 공감한다면 "엄마가 속여서 미안해." 등으로 반응할 수 있을 것이다. 그러나 이렇게 갈등이 심한 상황에서 그렇게 바로 반응하기는 어려울 수 있기에 적극적 듣기의 기술 중 '거울처럼 반영하기' 기술을 활용하면 조금 안전하게 대화를 이어갈 수 있다. 딸의 말을 그대로 받아 "엄마 때문에 집중할 수가 없었던 거지?" 등으로 반응하면 엄마도 감정을 가라앉힐 시간을 벌고 딸과 대화를 더 이어가서 소통에 이르는 데 도움이 될 수 있다.

최근 연구를 살펴보면, 학생들이 대화하고 싶은 상대 1위는 부모라고 보고되어 있다(한성열, 2015). 청소년들에게 중요한 사회적 관계가 친구인지라 친구 관계에만 몰두하는 것처럼 보이지만, 실제로 힘들고 어려울 때 부모나 교사와 상의하고 싶어 하고,

좋을 때 인정받고 싶은 것9)이 그들이다. 이럴 때 부모나 교사가 심정대화의 기술을 적용하여 의사소통해 준다면 어려움 상황이나 갈등 상황에서 청소년들이 부정적 감정을 풀고 성장하는 데 도움이 될 수 있을 것이다.

2 적극적 듣기를 활용해 심정대화로 의사소통한 예

• 예능 프로그램 <유 퀴즈 온 더 블럭> 중 일부

진행자 2명이 길거리를 다니며, 즉석에서 시민의 사연을 듣고 대화하는 프로그램이다. 낯선 길에서 지나가던 행인에게 말을 걸어 그의 가게에 가서 대화를 나누는데, 출연자의 부인에게 전화가 걸려온 상황이다. 다음은 진행자가 출연자의 부인(00씨)의 사연을 듣는 심정대화 중 일부이다.

진행자 1: 100만 원을 타면 뭘 하고 싶냐고 물어보니까, 올해가 결혼 10주년이라 (출연자인 남편이) 우리 00씨(부인)에게 100만 원을 주고 싶다고 얘기하다, 갑자기 전화가 온 거예요.

00씨 1: 흐흑 (울컥하며 흐느끼는 소리)

진행자 2: 우시는 거예요? <명료화>

00씨 2: 남편에게 너무 고마워서요... 흐흑...

진행자 3: 갑자기 짧은 시간 안에 여러 가지가 스쳐 지나가셨나 봐요. <비언어적 메시지의 명료화>

00씨 3: 예. 저희가 서울에서 춘천 내려와서 고생 많이 했거든요.

진행자 4: 그러셔서 갑자기 울컥하셨구나. 그렇죠? <감정 반영하기>

00 씨4: 네. 올해 저희가 10주년이라서 이런저런 생각이 많이 들었거든요.

---

9) 서울특별시교육청에서 2022년 2월에 '학생·부모·선생님이 듣고 싶은 말'을 응모받아 취합한 결과, 학생이 부모에게 듣고 싶은 말 1위는 "우리 딸(아들), 정말 잘했어"로 나타났다(동아일보, 2022.2.22.).

진행자 5: 어떤 생각이 많이 드셨나요?

00씨 5: 많이 힘들었는데, 남편이 옆에서 다 도와주고, 이해해주고, 그래서 여기까지 버티고 올 수 있었던 거 같아요.

진행자 6: 아... (울컥함) <공감-비언어적 표현으로 공감함>

00씨 6: 그런데 자기 거는 하나도 안 하고, 저한테 다 주기만 하니까, 그게 너무 고맙고 미안하고 그래요.

진행자 7: 아... (눈물 흘림) <공감-비언어적 표현으로 공감함>

00씨 7: 저 이렇게 통화하게 될 줄 상상도 못했는데, 여기가 좀 한적하고, 그런 데 있거든요.

진행자 8: 아. 그러셔서 그렇군요. <재진술>

00씨 8: 음악 듣고 있으면 감성이 많이 터져가지고... (웃는 소리)

진행자 9: (웃음)... 아. 상황이 이해가 됩니다. <타당화>

다른 것보다 저도 울컥한 게, '다 나한테 준다'라고 하고 아무것도 자기 건 안 하고 나한테 너무 준다고 하니... <요약>

(잠깐 쉬고, 출연자인 남편을 바라보며) 듣고 보니까 그래서 반팔 입고 계셨어요? (웃음) 잠바라도 하나 사시지. (웃음) <유머>

위의 진행자는 전화로 처음 대화하게 된 00씨의 이야기를 적극적 듣기 기술을 활용해 들으며 심정대화를 진행하는 것을 볼 수 있다. 구체적인 기술을 살펴보면 아래와 같다.

진행자 1에서 현재 상황을 설명하자, 갑자기 전화기를 통해 00씨의 울컥하며 흐느끼는 소리가 들린다. 진행자 2는 이 갑작스러운 상황에서 "우시는 거예요?"라며 감정에 반응하는 것과 동시에 상황을 명료하게 하는 것을 볼 수 있다. 그러자 00씨는 '남편이 고마워서 그런다'며 자신의 마음을 말하기 시작하지만, 자세한 것들을 말하지 못하고 계속 흐느낀다. 그러자 진행자 3은 00씨가 말하지 못하는 비언어적 메시지를 공감적으로 이해하고 "짧은 시간 안에 여러 가지가 스쳐 지나가셨나 봐요."라고 명료화해서 답해준다. 그렇게 00씨의 마음을 헤아려서 반응해 주니 00씨 3에서 "예"라는 대답과 함께 00씨는 더 말을 이어가는 것을 볼 수 있다. 이처럼 듣는 사람의 적극적 듣기 반응이 말하는 사람의 마음에 전달되었을 때 말하는 사람은 "예(언어적일 수도 있고, 생략될 수도 있다)"라는 반응과 함께 대화를 이어간다.

다음으로 00씨 3을 보면 '고생했었다'는 말에 대해 진행자 4는 "(당신은) 울컥하셨구나."라며 주어를 말하는 사람으로 하여 '감정 반영하기'를 한 것을 볼 수 있다. 이처럼 진행자가 감정을 반영하자 00씨 4는 또 "네"라는 반응과 함께 대화를 더 이어가는 것을 볼 수 있다. 이처럼 듣는 사람의 적극적 듣기의 노력이 말하는 사람에게 전해지면, 말하는 사람은 즉시 '예'라는 대답과 함께 말을 이어간다.

다음으로 00씨 5와 00씨 6을 보면, 00씨가 자신의 사연을 본격적으로 털어놓는데, 이 부분에서 진행자는 "아…"라고 맞장구를 치며 함께 흐느끼고 함께 옮으로써 '비언어적 표현'을 통해 공감하는 것을 알 수 있다. 공감이란 듣는 사람이 말하는 사람의 말에 대해 자신의 경험처럼 함께 느낀다는 점에서 높은 수준의 공감을 보여준 것이라 할 수 있을 것이다.

곧이어, 울음과 말로 자신의 마음을 털어놓은 00씨는 00씨 7에서 자신의 현재 상황에 대해 설명하려 하는데, 이 부분에서도 진행자 8은 재진술을 함으로써 대화를 성급히 사리대화로 바꾸거나 대화를 종결하지 않고, 심정대화를 계속 이어가는 것을 볼 수 있다.

결국 00씨 8을 보면, 00씨는 멋쩍은 듯 웃으며 상황을 정리하려는 모습을 보이는데 이때 진행자 9는 '상황이 이해가 된다'며 이렇게 갑자기 울며 마음을 털어놓은 00씨의 상황에 대해 그 상황에서는 그럴 수 있겠다는 '타당화'를 해 주며 마무리하는 모습을 볼 수 있다. 이는 00씨를 배려하는 표현으로 방송에서 갑작스러운 행동을 한 것을 이해하며 지금 상황에 대해 멋쩍거나 쑥스럽거나 창피할 수 있는 00씨의 마음을 헤아리는 표현이라 할 수 있다. 더불어 지금까지 대화한 내용에 대해 요약반응을 함께하고 있는데, 심정대화를 마무리할 때 요약반응과 타당화는 대화의 중요한 기술로 심정대화의 핵심과정 중 하나이다(Brown. R., 2009; Corey & Corey, 2013). 마무리 단계에서 대화 내용을 요약하고 타당화하면 말하는 사람은 듣는 사람이 자신의 이야기를 경청했고, 자신의 행동과 감정이 온전히 이해되었다는 느낌으로 대화를 마무리할 수 있기 때문이다.

마지막으로 진행자는 대화를 마무리함에 있어서, '유머'를 사용한다. 유머는 '지금-현재'의 상황에서 함께 웃을 수 있는 기제로 진행자는 '유머'를 사용함으로써 자칫 무거울 수 있는 분위기를 가볍게 만드는 것을 볼 수 있다. 심정대화 도중에 사용하는 유머는 부정적 감정 때문에 무거워진 분위기를 부드럽고 안전하게 전환시키고 생각과 감정을 환기하는 효과가 있다(강진령, 2007).

첨언하자면, 이 예시의 진행자가 적극적 듣기의 기술을 실제로 학습했는지 알 수 없다. 그러나 그는 대본 없는 실제 상황에서 적극적 듣기의 기술을 자연스럽게 활용하는 것을 알 수 있다. 이처럼 적극적 듣기의 기술은 누구나 알고 있는 듯한 기술이다. 그러나 구체적 상황에 맞는 구체적 기술을 몸에 익혀 자연스럽게 활용하는 것은 쉽지 않다. 하지만 이 진행자처럼 심정대화를 하는 것은 예시를 통해서도 알 수 있듯 전문적인 훈련을 통해서만 가능한 것이 아니다. '듣기'의 기술은 마음만 먹으면 심정대화를 하고자 하는 누구나 학습할 수 있는 내용이다. 학습하고 꾸준히 연습하여 자연스럽게 사용할 수 있도록 익히면 심정대화로 의사소통하는 데 도움이 될 수 있다.

Ⅳ 비언어적 메시지 듣기

의사소통은 언어적 소통과 비언어적 소통으로 구성되어 있다. 그중 전체 의사소통 중 비언어적 의사소통이 차지하는 비율은 60~70%로 언어적 의사소통보다 훨씬 빈번하게 일어난다(강길호, 김현주, 2001; 이주섭, 2005; 조규락, 이정미, 2015; Burgoon, Buller, & Woodall, 1989). 실제 대인관계 상황에서 비언어적 메시지는 언어적 메시지보다 더 민감하게 전달될 수 있고, 언어적 메시지와 비언어적 메시지가 일치하지 않을 경우 의사소통에 혼란을 가져올 수 있어서 주의가 필요하다.

심정대화를 할 때는 이런 비언어적 메시지에 특히 주의를 기울일 필요가 있다. 비언어적 메시지는 무의식적으로 표출된다는 특성 때문에 언어적 행동보다 감정을 더 정확하게 나타내기도 하기 때문이다(강진령, 2007; 윤정숙, 이지연, 2006; Leathers, 1986). 예를 들면, 다리를 떨거나 무릎 위에 손바닥을 문지르거나 불필요할 정도로 자주 옷 매무새를 고치면 불안한 상태이며, 가슴을 곧게 펴고 말하는 것은 자신감을 나타낸다고 볼 수 있다. 특히, 최근 가정 폭력과 학교 폭력의 증가로 피해자를 보호할 필요성이 증가하는데, 학생 중 팔의 움직임을 최소화하거나 전체적 움직임이 매우 적어 마치 로봇처럼 보이는 행동은 폭력으로 고통받고 있을 가능성이 있으니 눈여겨보아야 한다. 폭력에 노출된 적이 있는 학생은 더 많이 움직일수록 눈에 띄어 폭력의 표적이 되기에 본능적으로 눈에 띄지 않게 몸을 통제하기 때문이다(Navarro, J., & Karlins, M., 2008). 얼굴 표정은 비교적 감정을 숨기는 데 익숙할 수 있으나, 손, 팔, 다리 등은 뇌에서 멀기에 감정이 더 잘 드러난다. 따라서 이런 비언어적 메시지에 귀를 기울이면 상대의 말과 상황을 이해하는 데 도움이 된다.

만약, 상대의 말(언어 메시지)과 감정(비언어적 메시지)이 일치하지 않는 경우는 어떻게 하면 좋을까? 이런 경우 듣는 사람 입장에서는 메시지가 일치하지 않아 혼란스러울 수 있다. 이런 경우 심리학자들은 부정적 메시지가 더 정직한 것일 수 있다고 한다 (Navarro, J., & Karlins, M., 2008). 따라서 이를 실제 상황에 적용해 보면, 다음과 같이 대처할 수 있다. 한 학생이 힘들었다고 말하면서 미소를 짓는다면 이때는 '힘들다'는 말이 부정적 메시지이므로, 그쪽에 무게를 두어 의사소통하는 것이다. 이런 대처는 깊이 있는 심정대화에 도움이 될 수 있다.

마지막으로, 심정대화를 하기 위해서는 말하는 사람이 개방적 태도를 견지할 필요가 있다. 언어적 메시지 이전에 비언어적 메시지가 상대에게 전달되어 대화의 분위기를 유도하기 때문이다. 이런 태도를 나타내는 행동으로는 따뜻한 시선 접촉10), 몸 기울이기, 손바닥을 보여주는 편안한 자세로 대하기, 관심 나타내기 등이 있다(강진령, 2007; 이규미, 2017; 정순례, 양미진, 손재환, 2011).

---

10) 따뜻한 시선 접촉만으로 상호 간 호감도가 상승한다. 심리학자 Kelleman과 Lewis(1989)의 실험연구에 따르면 눈 맞춤만으로 호감도가 상승하는 것으로 보고되었다.

V 심정대화 중 듣기를 할 때, 주의할 점

첫째, 듣는 사람은 상대를 평가하거나, 판단, 조언하려 하기보다는 존중하는 태도를 갖추는 것이 좋다. 삶을 살아가다 보면 평가, 판단, 조언을 해야 하고 필요한 순간들이 있다. 그러나 일상의 대화에서는 로저스의 인간중심상담 이론에서처럼 상대를 평가하거나 판단하기보다는 존중하는 마음으로 대할 때(Rogers. R., 1998), 심정대화로 이어질 가능성이 높다.

앞의 예시들에서 본 바와 같이 심정대화를 하고 싶은데 사리대화로 답하면, 말문이 막힌다. 일상의 삶에서 청소년들은 가슴속에 있는 부정적 감정을 심정대화를 통해 말하고 빨리 털고 편안해지고 싶어 한다. 그러나 그들이 교사나 부모에게 마음을 잘 털어놓지 않는 이유는 평가하거나, 판단, 비난, 충고를 듣게 될까 봐 두려워하기 때문이다. 이런 심리는 사실 보편성을 지니고 있는데, 전래동화 『임금님 귀는 당나귀 귀』라는 동화에 주인공이 임금님의 비밀을 말하지 못해 병에 걸리는 것을 통해 알 수 있다.

실제로 심정대화를 통해 마음이 통한다는 느낌이 들면, 청소년들은 친밀감과 안정감을 느끼게 되고, 인간은 그런 상황에서 잠재력을 실현 경향성을 드러낸다(강명희, 이수연, 2013; 안혜진, 정미경, 2015; Rogers. R., 1998). 즉 심정대화는 청소년에게 심리적 에너지를 자신의 잠재력 성장에 사용하게 하는 효과가 있으므로 결국 긍정적인 영향을 미치게 된다.

둘째, 듣는 사람은 말의 속뜻을 잘 알아듣도록 노력해야 한다. 말의 속뜻은 감정과 성장동기를 말한다. 이렇게 말의 속뜻을 잘 알아듣는 것을 우리 옛말에 "말귀를 잘 알아 듣는다"라고 하고, 관계가 좋은 사람의 중요 요소로 말귀를 잘 알아듣는 것을 꼽았다(노미애, 2015; 유동수, 2000).

그런데 대화를 하다 보면 때론 명백한 근거 없이 상대방의 말이 귀에 거슬리고 나쁘게 들릴 수도 있다. 그런데 이것은 사실 심리학에서 보면 '착각'이다. 인간은 초능력이 있지 않는 한 상대방의 마음을 읽을 수 없다. 이것을 심리학에서는 '독심술의 오류'

라 한다(Persons. J. B., 1989). 도리어 알고 보면 사람 사이에 오고 가는 말의 속뜻은 다 '사랑'이다(유동수, 2000). 따라서 상대의 말이 명백히 나쁜 것임을 알기 전까지는 상대의 말투가 어떻든 상대의 마음을 좋은 뜻으로 여기는 것이 대화에 도움이 된다. 이것이 우리 옛말에 '개떡같이 말해도 찰떡같이 알아듣는다'는 뜻이다(노미애, 2015).

셋째는, 대화를 할 때 말하는 사람의 감정이 편안해질 때까지 먼저 끝까지 듣는 것이 좋다. 대화를 할 때 서로 말하고자 하는 바가 있을 수 있다. 이때 서로 자신의 말을 계속하다 보면, 대화가 이어지지 않고 공허해지고 갈등이 생기거나 소통이 되지 않을 수 있다. 말하는 사람이 말하기 시작하면 듣는 사람이 감정을 충분히 들어서, 말하는 사람의 감정이 편안해질 때까지 먼저 듣는 것이 중요하다. 이렇게 듣기가 충분히 이루어지면 말하는 사람의 감정이 편안해지고 남의 말을 들을 여유가 생긴다. 이럴 때 말하는 사람과 듣는 사람이 입장을 바꾸며 '말하기' 기술을 통해 심정을 말하면 상대에게 나의 말을 전하고 소통하게 될 가능성이 높아진다. 심정대화의 '말하기' 기술은 다음 차시에 다룰 것이다.

결론적으로, 사리대화는 '말하기'가 '듣기'보다 중요하지만, 심정대화에는 '듣기'가 '말하기'보다 중요하다. 관계 맺기는 마음을 '주고받는 것'이다. 불교 용어에 언사보시(言辭布施)라는 말이 있다. 불교는 베푸는 것(보시, 布施)을 중시하는데, 재물을 갖지 않고도 할 수 있는 보시(무재칠시, 無財七施) 중에 공손하고 아름다운 말을 주는 것을 말한다. 이처럼 상대의 말을 공손하고 아름답게 화답하며 들어주는 것은 의사소통을 위한 중요한 핵심이며 관계 맺기를 위한 좋은 시작이 될 수 있다.

빌드업 스쿨: 교사학생의 효과적 의사소통

4강

의사소통의 실제 II
– 나의 마음 말하기

서울상담심리대학원대학교 마음건강연구소

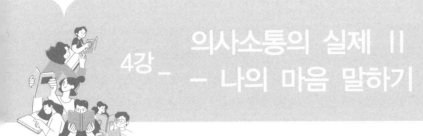

의사소통의 실제 II
4강 – – 나의 마음 말하기

I 의사소통을 위한 '말하기' 기술

1 심정대화의 '말하기'와 사리대화의 '말하기'의 차이점

의사소통을 위한 대화에는 사리대화(事理對話)와 심정대화(心情對話)가 있다. 한 연구에 따르면, 실제 대화에서 사리대화는 70~80%, 심정대화는 20~30% 정도를 차지한다는 보고가 있다(유동수, 2000). 이는 사리대화가 실제 의사소통의 상당 부분을 차지한다는 결과이다. 그러나 사람들 사이에 '마음이 통한다'고 하거나, 관계에서 '소통이 잘된다'는 의미는 심정(心情)이 통하는 것을 전제로 한다. 연구에 의하면, 정서적 접촉과 효율적 의사소통 사이에 높은 관계가 있다는 많은 보고들이 있다(박진원, 권도하, 2009; 장희선, 2017; 성윤미, 김정희, 2018; 노은숙, 부성숙, 2012). 즉, 심정대화가 가능한 관계가 전제될 때 사리대화의 의미도 잘 전달된다는 의미로 볼 수 있다.

사리대화의 말하기 기술은 지식과 정보를 전달하는 대화인 만큼 정확한 정보를 간결하고 명확하게 말하는 것이 중요하다. 명료한 지식 전달은 교수－학습의 능률을 올린다(조윤경, 2019).

한편, 심정대화의 말하기 기술도 심정(마음)을 전하는 대화인 만큼 '감정'을 말하는 것이 중요하다(한성열, 2021). 방법을 살펴보면, 이는 심정대화의 듣기에서 너의 감정을 듣는 것에 초점을 맞춘 것을 그대로 적용하되 반대로 적용하는 과정이다. 즉, 듣기 기술을 충분히 활용할 수 있다면 말하기 기술도 이미 절반 이상을 습득한 것으로 볼 수 있다. 다만, 말하기 과정의 핵심은 나의 감정을 진솔하게 상대에게 말하는 것이다.

Ⅱ 심정대화의 '말하기' 기술

1 상대방이 들을 준비시키기

대화에서 '듣기'의 기술을 통해 말하는 사람의 말을 충분히 들은 후 듣는 사람이 하고픈 말이 있을 때, 듣는 사람도 입장을 바꾸어 자신의 마음을 말할 필요가 있다. 이때 말하는 사람과 듣는 사람의 역할이 갑자기 전환될 경우 말하는 사람이 당황할 수 있다. 따라서, 듣는 사람은 지금까지 느낀 자신의 심정을 상대방에게 말하기 전에 상황 전환에 대한 준비의 말을 하면 좋다. 예를 들면, "지금부터는 내가 말해도 될까?", "이제 내 얘기도 좀 해도 될까?" 등의 표현을 하면 좋다. 이런 표현을 하면 상황에 대한 환기가 되면서, 듣는 사람의 입장에서 말하는 사람의 입장으로 입장을 바꾼 상대의 말을 들을 마음의 준비가 되므로 이후 대화가 훨씬 수월해질 수 있다.

2 감정 말하기

심정대화의 '말하기'는 심정대화의 대표적 '적극적 경청'의 기술인 '감정 반영하기' 과정을 반대로 적용하는 기술이다. '적극적 경청'의 기술인 '감정 반영하기'는 듣는 사람이 말하는 사람의 말에 대한 반응을 할 때, "너는 (…한 감정을) 느끼는구나."의 형식으로 대답하는 기술이다. 이를 바탕으로 상대의 감정을 듣는 것이 아닌 나의 감정을 말하기 위해서는 기본적으로 "나는 (…한 감정)을 느낀다."의 형식을 취한다. 즉, 말하는 사람이 자신의 감정을 말하는 것이기 때문에 주어는 '나(1인칭)'로 바꾸고, 자신의 마음을 표현하는 것이므로 '…하다'의 형식을 취하는 것이다.11) 다만, 이렇게 감정만을 말하면 듣는 사람은 말하는 사람이 느낀 감정의 원인을 몰라서 어리둥절할 수가 있다. 따라서 '너의 (…한 행동) 때문에'라는 원인을 함께 말해주면 좋다. 정리하면, 나의 감정을 말할 때는 "너의 (…한 행동) 때문에, 나는 (…한 감정)을 느낀다."라고 말한다 (노미애, 2015). 감정은 아쉬움, 걱정스러움, 기쁨, 슬픔, 마음 아픔, 안타까움, 즐거움, 행복감 등 여러 스펙트럼이 있는데, 이 중 '분노' 감정의 표현은 급박한 상황이나 갈등이 있기 쉬우므로 따로 자세한 기술을 덧붙이겠다.

> **감정 말하기의 예시 1**
>
> A 교사: 네가 너무 늦어서, (내가, 선생님이) 걱정했단다.
>
> **감정 말하기의 예시 2**
>
> B 교사: 그런 말 하기 어려웠을 텐데, 말해줘서 (내가) 참 고맙다.
>
> **감정 말하기의 예시 3**
>
> 발달장애가 있는 00이를 싫어하고 괴롭히는 88이와 대화하는 상황
>
> 88: 선생님이 저번에 00이 때리지 말라고 하셨잖아요. 그래서 욕한 거예요.
> B 교사: 네가 아직도 홧김에 00이에게 욕한 걸 보니, (네가) 내 말을 이해하지 못한 것
> 같아 (내가) 답답하다.

11) 대화법의 종류를 말할 때, 'I 메시지'라는 방식이 있다. 이는 나를 주어로 하여 나의 생각과 감정 등을 말하는 것으로, '감정 말하기'에도 유사하게 적용되는 방식이다. '감정 말하기'는 'I 메시지'의 방식으로 감정을 말하면서, 감정을 느끼는 원인을 간략히 덧붙이는 것이다.

③ 분노(화) 표현하기

많은 교사나 부모들이 분노 표현하기를 어려워하고, 두려워하기도 한다. 하지만 실제 학생을 지도하거나 자녀를 양육해 보면 아이들의 끝없는 요구, 갑작스러운 돌발 상황 등으로 화가 나는 일이 없을 수가 없다. 참다 참다 화를 내면 그 화의 파괴적인 여파로 인해 죄책감이 생기기도 한다.

분노 감정인 화(火)의 한자를 살펴보면 불이라는 의미이다. 불의 속성을 보면 작은 불은 추울 때 따뜻함을 주기도 하고 빛이 되어주기도 하지만 큰 불은 모든 것을 태워버리는 위력이 있다. 분노 감정도 이와 비슷한 속성이 있다. 분노는 사람과 사람 사이에서 뭔가 잘못된 것이 있음을 알려주는 신호역할을 하기도 하고, 타인의 해로운 영향으로부터 나를 지키는 경계의 역할을 하기도 한다(노미애, 2015). 하지만 분노가 쌓이고 쌓여 폭발하면 여러 문제를 일으킬 수 있다. 따라서 화를 적절히 표현하여 상황을 변화시키고 문제를 해결하는 에너지로 활용할 필요가 있다. 분노를 적절히 표현하기 위해서는 이렇듯 화 자체는 자연스러운 감정이며 오히려 쌓아두고 폭발할 때 위험할 수 있음을 알면 도움이 된다(노미애, 2015).

교사나 부모가 분노를 표현할 때, 가장 주의할 점을 상대를 모욕하지 않으면서 분노를 표현하는 것이다(Ginott, Haim G., 2003). 특히, 교사나 부모는 힘을 지닌 어른이기에 아동이나 청소년을 상대로 모욕이나 창피를 주면서 분노를 표현하면 상대에게 심한 타격을 입힐 수 있다. 성격을 비난하거나, 인격을 모독하거나, 누구를 닮아서 그렇다거나, 나쁜 예언을 하거나, 상대를 모욕하거나 하는 등의 방법은 폭력적 대화가 될 수 있다. 따라서 분노 표현을 두려워하지 말고, 적당한 때에 적절한 방법으로 화를 표현하는 기술을 익히면 소통되는 관계에 도움이 된다. 그 구체적 기술은 다음과 같다.

화의 적극적 표현법(효과적 자기주장 연습)

1. '나 진술법'을 이용하여 상황에 따른 감정을 표현한다. 예를 들면, "... 때문에, 나는 화가 났다." 이런 식으로 표현한다. 이때, 비난하는 말은 피하도록 한다. '너 때문에, 항상, 매번, 절대로' 이런 말들은 비난을 의미하기가 쉬우므로 피하는 것이 좋다.

---

2. 말하는 사람의 바람이나 요청을 구체적으로 덧붙인다. 예를 들면, "그래서 ...해 줬으면 좋겠다."라는 말을 하면 분명한 의사소통이 되어 오해를 피할 수 있어 좋다.

3. 목소리는 단호하게 하고, 시선을 피하지 않는다. 화가 나면 톤이 높아지고, 고함을 치게 되어 제대로 말하기 어려운 경우가 있다. 심호흡을 하고 천천히 단호하게 말하면, 고함치며 말하는 것보다 더 내 감정을 잘 전달할 수 있다. 또 이때 시선을 피하면 화난 감정을 제대로 전달하기 어렵다. 상대를 노려볼 필요는 없지만 시선을 회피하지 않고 말하는 편이 좋다.

4. 내 말을 다 하고 나면, 듣는 사람이 알아들었는지 확인하고, 듣는 사람의 의견을 듣는다. 갈등의 해결을 위해서는 상대에게 내 뜻이 잘 전달되고, 동시에 상대를 이해해야 한다. 따라서 상대의 의견을 들을 수 있으면 좋다. 그러나 감정이 올라왔을 때는 서로 말하기가 어려울 수 있으므로, 상대가 의견을 말할 때까지 기다리는 지혜가 있으면 좋다.

(출처: 내 편이 되어줄래?, 노미애, 팜파스에서 인용)

이와 같이 화를 표현하는 기술의 주안점을 부연하면 다음과 같다.

첫째는, 화를 단호하고 효율적으로 표현하는 것이다. 화를 표현할 때 길게 말하고 잔소리하는 것은 에너지는 많이 쓰이는 반면 비효율적인 방법이다. 보다 짧고 명확하게 말하는 것이 훨씬 잘 전달이 된다.

둘째는, 분노를 표현할 때는 감정이 격한 상태에서는 감정을 좀 가라앉히고 말하는 것이 좋다. 감정이 격할 때는 아이들의 사소한 잘못이나 작은 의견 차이에도 폭력적으로 화를 낼 수 있다. 따라서 격노한 상태라면 바로 분노를 표현하기보다는 "지금 화가 많이 났다. 조금 있다 얘기할 테니 잠시 기다려." 등으로 심호흡과 함께 화를 가라앉힐 시간을 갖고 대화를 진행하는 것도 방법이다. 이것을 심리학에서는 타임아웃(time out)이라 하는데, 특히 화가 난 순간 훈육(訓育)을 하려는 마음이 공존한다면 화가 가라앉은 후 말을 해야 한다. 학생이나 자녀 입장에서 어른이 격노하며 한 말은 후에 격노만 기억나지 훈육내용은 기억나지 않기 때문이다.

셋째는, 문제가 되는 상황에 대해서만 말하고 사람을 공격하지 않는 것이다. 앞에서도 언급했지만 지금 대화 중인 한 가지 문제에 관해서만 말하고 내용을 확대하거나 사람 자체를 모욕하거나 수치심을 주지 말아야 한다. 그런 식의 분노 표현은 상황을 더 악화시킬 수 있다.

넷째는, 요청하는 바를 구체적으로 덧붙이는 것이다. 부모나 교사가 화를 내는 건 학생이나 자녀의 행동수정을 위한 경우가 많다. 그런데 학생이나 자녀는 때에 따라서는 적절한 대안 행동을 모를 수도 있다. 예를 들면, A 교사가 급식지도 중, 교실에서 급식으로 나온 빵을 작게 뜯어서 던지며 노는 아이들을 발견한 상황을 생각해 보자. 교사는 "그만! 난 이런 장난하는 걸 보면 화가 난다."라고 말할 수 있다. 그럴 때 아이들은 선생님이 화가 난 건 알지만, 순간 어떻게 해야 할지 모를 수 있다. 이럴 때 "빨리 싹 주워서 쓰레기통에 버렸으면 좋겠다."라고 말하면 아이들은 자신의 잘못을 반성하고 적절한 대안 행동을 바로 배우고 실천할 수 있다.

4 감정 말하고 기다리기

심정대화 중 말하기의 마지막 기술은 감정을 말하고 기다리기(waiting patiently)이다. 말을 하고 난 후 소통이 되고 변화하는 데는 시간이 필요하다. 음식을 먹고 에너지로 전환되기 위해서는 일정한 시간이 필요하다. 이처럼 상대방의 말을 알아듣고(먹고), 수용하고(소화하고), 인지가 변화하는 데(에너지로 전환되는 데)는 일정한 시간이 필요하다. 따라서 말하는 사람은 말을 한 후 듣는 사람이 적절한 반응과 변화를 보일 때까지 인내심을 갖고 기다릴 필요가 있다. 어릴 적 엄마가 텔레비전을 보고 놀고 있는데, 방에 들어가서 공부하라고 하면, 평소에 들어가려 했던 것보다 더 천천히 들어간 경험이 있을 것이다. 엄마의 걱정과 화난 마음이 들리기까지도 시간이 걸리고, 행동 변화까지는 더 시간이 걸리기 때문이다. '말하기' 기술로 감정을 잘 전달해도 듣는 사람이 말하는 사람의 감정을 수용하고, 변화가 생기기까지는 시간이 필요하다. 그래서 말하기 기술의 마지막 핵심은 '말하고 기다리기'이다(노미애, 2015).

5 심정대화의 '말하기'의 전제 조건

사람들은 소통을 원한다. 한의학에 의하면, 불통즉통(不通則痛)이라는 말이 있다(이재성, 2014). 이는 비단 몸에만 국한된 표현이 아니다. 사람 간의 소통에도 적용되는 표현으로, 소통되지 않으면 고통이 온다. 사람들은 그만큼 소통을 원한다(한성열, 2021). 그리고 소통은 '머리가 잘 통하는 것'이 아닌, '마음이 잘 통하는 것'을 말한다(최상진, 김기범, 1999c). 즉, 사람들은 심정(心情, 마음속 감정)을 언어를 통해 나누는 것을 원하고 그럴 때 마음속 부정적 감정이 풀리고 관계가 좋아진다. 최근 연구들에서도 감정을 표현하고 해소할 때, 스트레스가 감소한다고 보고되고 있다(김수연, 2021; 송현, 이영순, 2018; 신준희, 김영근, 2021; 이동훈, 김시형, 이수연, 최수정, 2019; Pennebaker, J. W., 2012).[12]

그럼에도 불구하고 우리가 실제 일상대화에서 사용하는 언어 패턴을 보면 감정을 말하기 어려워하고, 때론 불편해한다. 왜 그럴까? 나의 감정 말하기는 말하는 기술을 습득하는 것도 중요하지만, 감정을 말하기에 앞서 감정을 말하는 것에 대한 불편한 생각들을 정리하는 것이 필요하다. 이를 위해 우리가 가진 감정 말하기에 관한 편견들을 살펴보고 지향점을 찾아보겠다.

첫째, 감정을 말하는 것은 나약하거나 어른스럽지 못한 것이 아니다. 우리 옛말에 "남자는 태어나서 세 번만 울어야 한다."라는 말이 있다. 이는 우리 문화에 감정을 표현하는 것, 특히 남성이 감정을 표현하는 것을 부정적으로 여기는 생각과 정서가 들어 있음을 의미한다. 또, 아리스토텔레스는 그의 저서 『수사학』에서 설득을 위한 3요소로 로고스(Logos), 파토스(Pathos), 에토스(Ethos) 중, 말하는 사람의 에토스, 즉 도덕성과 신뢰감을 중요시한 반면 파토스에 해당하는 감정적 호소는 상대적으로 덜 중요하게 여겼다(한석환, 2015). 이는 감정을 도덕성보다 덜 중요하게 여긴 것으로 서양에서도 전통적으로 감정적 호소를 경계하는 풍토가 있었음을 알 수 있다, 그러면 동서양을 막론하고 대화에서 감정을 말하는 것에 대해 경계하는 편견이 있는 이유가 뭘까? 이는 아이들이 의사소통 시 주로 울음 등을 통한 감정 표현으로 대화를 하고, 어른이 되면서 이성을 통한 대화로 바뀌어 가기 때문이다. 즉, 감정을 표현하는 것은

---

12) Pennebaker(2012)의 연구에 의하면, 부정적 감정을 말이나 글을 통해 노출하는 순간 감정이 명료화되면서 자기이해가 높아져 스트레스가 감소한다고 보고하였다.

아이와 같아 어린 행동이거나 나약하다고 생각하는 것으로 인해 편견이 생긴 것으로 볼 수 있다.

그러나 실제로 감정을 진정성 있게 드러내는 것은 매우 용기 있는 일이며, 심리적으로 마음이 강한 사람(자아 강도와 자아 존중감이 높은 사람)이 할 수 있는 대화 패턴이다(이규인, 2005; 장영숙, 정진경, 2012; 조경미, 2019; 한숙종, 방명애, 권보미, 2018). 예를 들어, 어떤 사람이 상대에게 잘못된 행동을 한 경우를 살펴보자. 그가 잘못을 시인하고, '미안하다'는 말로 진술한 감정을 드러내면 듣는 사람은 대체로 화가 누그러지고 상대를 용서하기도 한다. 그러나 현실에서는 그렇지 못한 경우도 종종 볼 수 있는데, 이는 마음이 약한 사람은 처벌의 두려움이 커서 자신의 잘못을 솔직히 인정하고 진술하게 미안하다는 감정을 드러낼 수 없기 때문이다. 소통은 머리가 아닌 가슴으로 하는 것이다. 가슴이 연결되기 위해서는 자신의 감정을 솔직히 인정하고 말할 수 있어야 하고, 감정을 진술하게 말하는 것은 용기 있는 일이다.

둘째, 진솔한 감정은 타인에게 전달될 수 있다는 믿음이 필요하다. 사람들은 살면서 진솔하게 마음을 열고 감정을 말했는데, 상처받은 경험이 있을 수 있다. 그래서 진솔한 감정을 말하기 두려워하기도 한다. 그러나 옛말에 "구더기 무서워 장 못 담근다."라는 말이 있듯, 상처를 받을지도 모른다는 두려움 때문에 감정을 말하지 않는다면 진정한 소통을 경험할 기회 자체를 잃을 수 있다. 감정을 말하는 것은 두려울 수 있지만 감정을 말하지 않으면 피상적 대화만 이루어질 뿐 소통에 이르기는 어려울 수 있다(연문희, 2004). 오히려 마음이 전달될 수 있으리라는 믿음을 갖고 용기를 내어 감정을 말하면 생각보다 쉽게 소통이 되기도 한다. 갈등 상황에서 생각으로 풀려 하면 복잡하지만, 감정으로 접근하면 화가 나거나 섭섭하거나 아쉽거나 하는 식으로 단순하게 마음을 전할 수 있다. 뿐만 아니라, 감정은 진솔하고 순수하다(최상진, 1997). 분노, 슬픔, 기쁨, 혐오 등의 감정은 생존 자체와 밀접한 관련을 갖고 있기에 생각 이전에 존재하는 감정이다(한성열 외, 2015). 따라서 이런 기본 감정일수록 순수하고 진솔하게 말하기만 한다면 상대에게 전달될 확률이 높다. 고전 중의 고전인 성경책에는 '아이와 같지 않으면 천국에 들어갈 수 없다(마태복음 18장 2~3절)'는 말이 있다. 관계에서 천국이란 소통이 원활하여 마음이 통하는 상태일 것이다. 마음이 통하기 위해서는 아이처럼 기꺼이 솔직한 감정을 드러내며 자신을 드러내 보일 용기가 필요하다. 사람들은 진실하게 자신의 감정을 드러내 보이는 사람에게 자신의 속마음을 드러내고, 마음이 통하여 소통될 때 행동 변화도 따라온다. 따라서 의사소통을 위해서는 두려움을 극복하고 진솔한 감정을 말할 필요가 있다.

셋째, 내 심정을 말하기는 하지만, 받아달라고 강요하지 않는 자세가 필요하다. 심정대화를 할 때 상대가 내 말을 듣고 행동을 고치고 나를 받아들여야 한다고 생각한다면, 상대가 내 말을 들어주지 않고 변화하지 않을 때 화가 나거나 상처가 되기도 한다. 그러나 사람은 누구나 다르며 다른 상황과 다른 생각과 다른 반응을 갖고 있다. 내가 내 마음을 말할 자유는 있지만, 말을 듣거나 행동을 고치는 것은 듣는 사람의 자유임을 기억할 필요가 있다(유동수, 2000). 듣는 사람의 반응이나 거절을 두려워하여 내 마음을 말하지 못할 필요도 없고, 듣는 사람이 내 말을 안 듣는다며 화낼 필요도 없다. 많은 사람들이 "내 편이라면 상대가 나와 같은 마음이어야 한다." 또는 "나와 통하려면 내 말을 듣고 내 뜻대로 해야 한다."라는 편견을 갖고 있기에 소통이 되지 않고 화가 나고 상처를 받는다. 하지만 사람은 누구나 다르다. 소통을 위해서는 이것을 깨닫고 상호 존중하는 자세가 필요하며 이런 것을 깨달은 사람이 자아 정체성(Ego Identity)이 확립된 사람이다(김미종, 2019; 이선미, 천우영, 2013; Erikson, E. H., 1994). 소통은 다름을 받아들이고, 달라도 함께할 수 있는 길을 모색하는 통로이다.

Ⅲ 교사의 '말하기' 기술(교수-학습과 생활지도를 위한 말하기 기술)

1 지시어는 간결하고, 명확하게 말한다.

교육학자 플랜더스(N. A. Flanders)는 교수−학습 상황의 언어 상호작용을 측정하여 수업 형태를 분석하였다. 그에 따르면, 수업의 언어 상호작용 중 평균적으로 2/3는 누군가 말하고 있으며, 그중 2/3는 교사의 말이고, 교사의 말의 2/3는 '지시어'라고 한다(권기덕, 최명숙, 2013; Flanders, N. A., 1963, 1965). 이처럼 교사의 말의 상당 부분은 지시어에 해당한다. 하지만 아이러니하게도 아이들도 어른처럼 자율성을 지닌 존재이기에 계속되는 지시나 명령은 저항심을 불러일으키고, 만약 지시에 무조건 따라야 한다고 강요하면 교사를 싫어하거나 심하면 대드는 상황이 발생하기도 한다.

그러면 교사는 학생들과 어떻게 소통하면 좋을까? 플랜더스는 지시어를 줄이고 비지시적 소통으로 전환할 것을 권하고 있다. 그에 따르면, 이상적인 수업은 2/3의 법칙을 깨뜨리고, 교사의 말을 줄이고, 지시어를 줄이는 것이라고 한다(Flanders, N. A., 1965). 즉, 학생들과 의사소통을 할 때, 학생의 말을 수용하거나 질문하거나 비언어적 소통(끄덕임, 시선 맞춤...) 등을 통한 소통의 비율을 늘리고, 지시어가 필요한 순간은 내용을 최소화하여 간결하게 말하는 것이 좋다는 것이다.

또한, 동시에 교사의 말은 명료해야 한다. 의미가 불명확하고 장황한 말은 상대에게 혼란을 줄 수 있다. 학생에게 불명확한 지시를 하고 지시를 적절히 수행하지 않았다고 꾸지람을 반복하면 학생은 교사에게 적개심을 갖게 되고 더 이상 소통하지 않으려 할 수 있다. 교수-학습 상황은 물론 지시어를 사용할 때 간결하고 명료한 말을 하면, 내용이 잘 전달되고 상호 신뢰가 높아져 소통이 원활해질 수 있다.

중1 교실에서 남학생들이 운동회에서 단체 포상으로 받은 지우개를 자르고 던지는 놀이를 하여 교실을 어지른 상황

A 교사: 얘. 이게 뭐니? 교실이 너희들 놀이터인 줄 알아? 지우개가 너희들 이렇게 갖고 놀라고 상으로 준 건 줄 알아? 집에서 도대체 뭘 배운 거니? 너 같은 애들한테는 상을 줄 필요도 없는데, 쓸데없이 이런 걸 줘 가지고... 너 말고 누가 또 같이했어. 빨리 말해(다그치고, 함께한 다른 애들을 찾고, 벌주는 상황이 지속됨). 빨리 치우지 못해?

B 교사: (근엄한 얼굴로) 교실에서 이런 장난하면 안 된다. 빨리 치우렴. (교사도 함께 치운다)

A 교사의 장황한 말과 다른 학생들까지 벌을 주는 행동보다, B 교사의 간결한 말과 다른 학생들을 벌하지 않는 행동이 더 효율적이고 교육적이다. A 교사의 말은 장황하여 듣기에 지루할 뿐만 아니라 비난과 벌이 들어있어서 당장 상황을 공정히 해결하는 듯 여겨질 수 있을지 몰라도 학생들에게 적개심을 심어주고 관계를 상하게 하는 말(교사학생 관계, 친구들 사이의 관계 모두 포함)이다. 이런 패턴이 반복되면 학생들은 교사의 말을 듣지 않거나, 저항하게 될 수 있다. 반면, B 교사의 말은 간결하고 명확하여 학생들이 바른 행동을 바로 알아 실천할 수 있고, 교사가 용서해주었음을 알아차리기에 더 반성할 가능성이 높다.

2 거절의 언어(No)보다는 수용의 언어(Yes)를 사용한다.

사람들의 대화 패턴을 관찰해 보면, 습관적으로 '아니, 아니요, No' 등의 거절의 언어를 사용하는 사람들이 있다. 이런 언어를 사용하는 사람들은 말의 구체적 내용 자체를 정확히 수정하려 하거나, 대화 내용의 지엽적인 부분에 주목해 사리대화로 대답하려는 경향이 있다. 교사가 이런 거절의 언어를 습관적으로 사용하는 경우 단기간은 학생의 행동을 수정하거나, 지식을 바로잡아주는 효과가 있을 수 있다. 그러나 장기간 습관적으로 거절의 언어를 사용하면 관계에 악영향을 줄 수 있다.

심리학자 에릭 번(Eric Berne)은 그의 유명한 저서 『사람들이 하는 게임(Game people play)』에서 사람들이 상호작용을 하는 과정에서 무의식적 게임을 하고 있음을 밝히고 이를 심리치료에 적용하였다(Berne, E., 2011). 그에 의하면 의사소통 중 듣는 사람에게 습관적으로 거절의 언어(You are not OK)를 사용하는 말하는 사람은 무의식적으로 상대에게 '너를 신뢰하지 않는다', '너를 지배하겠다', '너를 받아들이지 않겠다'는 메시지를 전달하고 있다고 한다. 뿐만 아니라, 상대에게 무의식적으로 지속적인 분노의 감정을 전하고 있기 때문에 관계가 손상되고 삶이 경직된다고 하였다(Berne, E., 2011). 이런 메시지와 대화법은 듣는 사람을 분노하게 하고, 때론 폭력적이 되게 하며, 감정이 없는 사람인 양 대하게 되는 결과를 가져와 비인간화하게 한다.

언어는 사람의 성품을 드러낸다. 수용하는 말인 '응, 네, 그래, 그럼, ok, yes' 등의 말은 무의식적으로 '너를 존중한다', '너를 소중히 여긴다'는 메시지를 전달한다. 지금까지 대화에서 거절의 언어를 사용하고 있었음을 알아차렸다면 관계 개선을 위해서는 수용의 언어로 바꿀 필요가 있다. 대화를 할 때, 내용에 초점을 맞추기보다는 속뜻과 전체적 의도 그리고 그 속에 담긴 마음에 집중하여 대화를 해 보면 수용의 언어로 바꾸기가 수월하다. 말은 씨가 있어서 사람에게 뿌려지면 싹을 틔우고 자란다. 이것이 말씨가 중요한 이유다. 교사의 말은 학생의 마음 밭에 말의 씨를 뿌리는 과정이다. 습관적인 거절의 말을 쓰고 있다면 학생들을 사랑하고 있는 교사의 본심과는 다르게 학생들에게 부정적 의미가 무의식적으로 전달되고 있음을 알 필요가 있다. 아는 것이 힘이기에 알면 고칠 수 있고, 거절의 말투를 고치고 수용의 말씨를 뿌리면 마음이 통하여 소통하는 데 도움이 될 수 있다.

예시 2

중1 교실에서 교사가 한국의 지형 수업을 하는 상황

학생: 선생님. 우리나라는 산지가 거의 다여서 사람들이 살 땅이 거의 없는 것 같아요.

A 교사: '거의 다'는 아니고, 산지 비율은 70%야. 그리고 우리 국민이 5,000만 명이야.

그 정도면 적은 수가 아니니 살 땅이 없다고 할 수도 없지.

B 교사: 그렇게 볼 수도 있을 것 같구나. 산지 비율이 70%나 되니 산이 정말 많지? 그리고 그만큼 평지가 적으니 많은 사람들이 살기엔 공간이 부족하다고 볼 수도 있겠네. 현재 국민이 5,000만 명 정도인데 대도시는 농어촌에 비해 정말 과밀하지.

학생의 말에 대해 A 교사, B 교사 모두 친절히 답하였다. 그리고 직접적으로 Yes(네 말이 맞아)나 No(네 말은 틀려)를 사용하여 대답하지도 않았다. 그러나 그 의미를 살펴보면, A 교사는 학생의 말에 대한 오류를 교정하는 대화를 함으로써 "네 말은 틀렸어"라는 거절의 의미를 전달하고 있고, B 교사는 학생의 말을 보완해주며 포용하는 대화를 함으로써 "네 말도 옳다"라는 수용의 의미를 전달하고 있다. A 교사는 학생의 말을 잘 듣고 바른 정보를 준 것 같지만, 학생은 "네 대답은 부족해"라는 무의식적 메시지를 전달받기에 점점 수업 참여도가 낮아질 확률이 높다. 반면 B 교사의 대답은 학생의 말을 받아주고 수용해주며 덧붙여주었기에 학생은 교사가 자신의 발언에 귀 기울여주는 느낌을 받아 수업 참여도가 증가할 가능성이 높아진다.

❸ 생활지도 시에는 미리 한계를 설정하고, 자율성을 존중하는 방식으로 말한다.

생활지도에서 가장 주안점을 두어야 할 부분은 잘못하는 것과 잘못할 것 같은 부분을 미리 일관되게 가르치고 예방하는 것이다. 그리고 학생들 스스로 지킬 수 있도록 북돋는 것이 중요하다. 왜냐하면 앞서 언급했듯 아이들도 어른처럼 자율적인 존재이기에 계속된 지시와 규율은 저항심과 분노를 불러일으키기 때문이다.

그러나 청소년은 어른처럼 보이나 아직 성장 중이기에 항상 실수하고 잘못할 수 있다. 이럴 때 필요한 교사의 말이 '단호하고 부드러운 한계 설정의 가르침'이다. 이런 내용을 동화 '검피 아저씨의 뱃놀이'[13]에서 잘 제시하고 있다. 동화 속 검피 아저씨는

---

13) 존 버닝햄(John Mackintosh Burningham)이 집필한 그림 동화책이다. 그는 쉽고 반복적인 어휘를 많이 사용했으며, 브라이언 와일드 스미스, 찰스 키핑과 더불어 영국 3대 일러스트레이터의 한 사람으로 꼽히고 있다. 간결한 글과 자유로운 그림으로 심오한 주제를 표현하기로 유명하며, 마음속 세계를 잘

동물들에게 함께 뱃놀이를 하기 전 위험할 것 같은 상황을 예측하고 지켜야 할 규칙을 미리 정한 후 간결한 말로 지시한다. 그리고 함께 뱃놀이를 시작한다. 하지만 동물들은 곧 규칙을 어기고 혼란에 빠지고 모두 물에 빠지는 어려움이 닥친다. 그러자 검피 아저씨는 이런 상황을 미리 예견했듯 당황하지 않고 바로 동물들을 구한다. 그리고 분노로 처벌하지 않는다. 오히려 규칙을 다시 한번 부드럽고 단호하게 가르친다(한계 설정의 가르침). 또한, 잘못을 용서하고 놀란 동물들을 다독인 후 다시 다음 뱃놀이에 초대한다. 훈육은 잘못에 합당한 벌을 주는 데서 오지 않는다. 오히려 가르치고자 하는 마음과 행동의 변화는 관용에서 올 때가 많다.

교사들은 학생을 사랑하는 마음이 큰 나머지 바르게 지도하려는 마음이 커져서 때로는 생활지도에 집착하기도 한다. 생활지도에서 바르게 고치는 것에 집착하면 화가 나고, 화로 훈육하면 학생들과 관계가 깨어지거나 마음이 상해 진정으로 가르치고자 하는 것이 전달되지 않을 수 있다. 분노한 상태의 훈육은 교사가 지향하는 선한 의도와는 달리 학생들의 마음속에 또 다른 저항과 분노를 가르치는 셈이 되기도 하기 때문이다. '유능한 교사는 학생들을 대할 때 손님에게 하듯 한다'고 한다(Ginott, Haim G., 2003). 청소년들이 단번에 성장하지 않듯 생활지도도 단번에 되지 않는다. 끊임없이 실수하고 잘못할 수 있기에 미성년이고, 그래서 성인인 교사와 부모의 가르침과 도움이 그들에게 필요하다. 최소한의 지시로 한계를 설정하고, 자율성을 존중하되 잘못할 때는 분노하지 않고 다시 또 한계를 가르쳐 주는 관용의 자세가 도움이 된다.

4 사소한 건 모른 척한다.

사자성어에 소탐대실(小貪大失)이라는 말이 있다. '작은 것을 탐하다가 큰 것을 잃는다'는 뜻이다. 교사와 학생 사이, 부모와 자녀 사이에서 지나치게 교육과 생활지도에 집착하다 보면 이런 일이 발생하기도 한다. 예를 들면, 사소한 생활 습관을 고치려다

이해하고 상상력과 유머 감각이 뛰어나, 세계 각국의 독자에게 사랑받는 그림책 작가이다. 1964년 첫 그림책 『깃털 없는 기러기 보르카』로 케이트 그린어웨이 상을 받았고, 1970년에 펴낸 『검피 아저씨의 뱃놀이』로 같은 상을 한 차례 더 수상했다. 그 밖에도 『우리 할아버지』, 『코트니』, 『지각대장 존』, 『비밀 파티』 등 전 세계적으로 사랑받는 많은 작품이 있다.

관계를 잃을 수도 있다. 학생을 가르치고 자녀를 돌보는 일은 많은 사소한 작은 사건이 끊임없이 발생한다. 그럴 때마다 지나치게 잔소리하며 언어적으로 개입하면 청소년들은 저항하고 분노할 수 있다. 특히 청소년은 심리적 독립을 하려는 자아 정체성 확립의 시기이기에 이런 특성이 매우 크다.

사소한 건 모른 척하는 게 약이 될 때가 많다. 물론 때론 사소한 것이 쌓여서 큰 문제가 될 수도 있으니 사소한 것들 돌보기를 전혀 안 하는 것이 아니라, 알지만 모른 척하고 지켜보는 것이 좋다. 작은 사건들은 학생들 스스로 일을 해결하도록 지켜보는 것도 자립심과 문제해결력을 갖도록 청소년을 돕는 것이다.

Ⅳ 피해야 할 말

심정대화를 할 때 긍정적 언어 상호작용을 하는 것보다, 부정적 언어 상호작용을 피하는 것이 훨씬 중요하다. 부정적 언어 상호작용의 여파가 훨씬 즉각적이고 크기 때문이다(김옥, 강은주, 2020; 박대권, 박창범, 김영식, 배준용, 2013; 이남옥, 2005; Gottman, 1999). 교사는 분노를 슬기롭게 표현하는 것이 중요한데, 분노로 인해 공격적이고, 폭력적인 말을 하는 경우 학생과 관계가 불편해질 뿐만 아니라 심하면 학생들이 말을 듣지 않아 교육 자체가 어려워지기 때문이다(Aspy & Roebuck, 1977).

학생들과의 관계에서 피해야 할 말들은 다양한데, 그중에서도 관계를 악화시키고 단절시키는 상호작용을 피하는 것이 중요하다. Gottman(1985, 1999)은 단기종단 연구를 통해, 부부의 언어적 비언어적 대화 내용을 관찰하고 인터뷰하여 관계 단절로 가는 4단계의 대화법을 찾아내었는데, 이것은 교사－학생의 대화에도 큰 시사점이 있다. 그의 연구에 의하면 이런 패턴으로 대화를 하면 94%의 정확도로 3년 이내 이혼 여부를 예측할 수 있다고 보고했다. 이러한 역기능적 의사소통을 '관계 단절로 가는 신비의 4단계 대화법'이라 하는데, 이런 패턴의 대화는 대부분의 친밀한 관계를 단절시키므로 프로세스를 이해하고 이런 말은 피하는 것이 좋다(이남옥, 2005). 구체적 내용은 다음과 같다.

관계 단절로 가는 대화 : 신비의 4단계

1단계: 비판(ciriticism)
- '너는 항상 ...이 문제야' 등으로 나타나며 상대의 행동을 지적하고 성격이나 능력에 대한 비난과 비판을 한다.

2단계: 경멸(contempt)
- 상대방을 비하하고, 모욕감을 주거나 비꼬는 말 등을 하는 것이다. '너는 멍청하다.', '너 따위가 이런 걸 어떻게 하겠니?' 등의 말이나 코웃음을 치는 행동 등도 이에 해당한다.

3단계: 방어(defensive)
- 자신의 책임을 부인하거나 변명하거나 전가하는 말이다. '그래, 하지만...', '그럴 수도 있지, 하지만 그게 무슨 문제인데?' 등의 말로 자신의 행동을 합리화하고 반대 비판을 하는 것이다.

4단계: 벽 쌓기(stonewaling)
- 대화 단절, 회피, 거부적 태도, 표정, 몸짓 등을 나타내며 침묵하는 것이다.

(출처: Gottman, J. M., & Levenson, R. W., 1999에서 요약 인용)

교사는 학생들과 좋은 상호작용을 하고 원활한 의사소통을 통해 교육을 하기를 원한다. 그러나 의사소통 중 위의 대화와 같은 프로세스가 반복되면 의도와 달리 관계는 단절되고 소통이 어려워질 수 있다. 따라서 학생들과의 대화를 스스로 관찰하고 위의 내용을 이해하여 이런 대화를 피하면 관계증진과 의사소통에 도움이 될 수 있다.
그 외에도 교사가 피해야 할 말 등에는 다음과 같은 것들이 있다.

다음 예시는 교사가 피해야 할 표현들이다. 예시 상황은 숙제를 반복적으로 해오지 않아 화가 난 교사의 학생에 대한 반응이다.

성격 비난: 너는 게을러빠진 게 문제야.

능력 비난: 멍청해 가지고, 이런 것도 못해 오니?

경멸: 게을러빠져가지고, 그래서 나중에 뭐 될래?

명령, 지배: 이번에도 하라는 대로 안 했으니, (벌로) 숙제 10번 더 베껴 쓰고, 10장 더 써와.

분석: 이번에는 뭐라 변명할 거니? 난 니가 숙제 안 해오는 이유를 알아. 게을러터져서 그렇지.

모욕: 너희 부모님은 뭐하시기에 이런 것도 안 챙겨주시니?

조롱: 너 그딴 식으로 계속해 봐라. 나중에 어떻게 되나.

파멸 예언: 게을러빠져가지고, 앞으로 니가 어떻게 될지는 니가 더 잘 알 거야.

낙인: 이 정도도 못해 오고... 앞으론 '똥 멍청이'라고 불러야겠다.

수치심 주기: 집에선 도대체 뭐하냐? 머리에 똥만 들었지?

교사는 화가 날 때 모욕을 주지 않고 분노를 표현하는 기술을 익힐 필요가 있다. 앞 절에 설명한 바와 같이 분노에 찬 상태에서는 폭력적이 되기 쉽고, 훈육하고자 한 좋은 의도와는 달리 무의식적으로 폭력을 가르치는 셈이 될 수도 있기 때문이다. 위의 예시 상황을 살펴보면 교사가 화가 많이 났음을 알 수 있다. 학생이 숙제를 안 해오는 것도 문제인데, 그런 상황이 반복된다면 교사는 화가 날 수 있다. 그럴 때 교사는 화를 가라앉히고 학생이 그런 행동을 하는 원인을 살펴보는 것이 문제해결에 도움이 된다. 비록 교사의 눈에는 게을러 보이고 멍청해 보일지라도, 기질 자체가 느리거나, 학습 장애가 있거나, 가정에 문제가 있거나, 뭔가 다른 사정이 있을 수 있다. 할 수만 있다면 분노를 가라앉히고 학생을 따로 불러 "숙제를 계속 안 해오는구나. 무슨 사정이 있는 거니?" 등의 말과 함께 문제 행동의 원인을 찾아보면 도움이 될 수 있다. 또는, 심정대화의 '말하기 기술'을 사용하여 대화를 시도할 수 있다. "네가 계속 숙제를 안 해오니 (내가) 화가 나는구나."라고 말하고, 학생의 반응을 지켜보며 분노를 표현하는 동시에 문제 상황을 소통의 기회로 전환하면 문제해결에 도움이 될 수 있다.

V 소통하는 대화의 실례(실습용 사례)

심정대화의 '말하기'와 '듣기' 기술을 활용한 의사소통 사례

00학생은 파마와 염색(연한 갈색)을 한 인문계 고등학교 2학년 남학생이고, A 교사는 담임교사이다. 두발 단속 교칙을 두고 갈등하는 A 교사와 00학생의 심정대화를 통한 의사소통 사례이다. 방과 후 둘이 조용히 교실에 남아 대화를 나누는 중이다.

A교사 1: 00아, 남아서 기다려주어 고맙구나. 선생님이랑 얘기 좀 할 수 있을까? 괜찮니?
        (웃음) <말하기-들을 준비시키기>

00학생 1: 네.

A교사 2: 요즘 학교생활 어떠니? 다닐만하고?

00학생 2: 네... (얼떨떨함)

A교사 3: 선생님이 하고 싶은 얘기가 있는데... 들어줄래? (웃음) <말하기-들을 준비시키기> 사실은 네 성적이랑 머리에 대해 얘기를 좀 하고 싶구나. 성적도 그렇고, 우리 학교에서는 그런 머리(파마, 염색) 안 되는 거 알지?

00학생 3: 네. (고개를 떨군다. 잠시 침묵) 하지만 스타일은 제 생명이에요. (단호하게) 포기 못해요.

A교사 4: 그래? 음... 스타일이 네게 많이 중요한가 보구나. 그래도 네가 교칙을 알고 있을 텐데, 그렇게 계속하고 다니는 데는 이유가 있을 것 같구나... (기다린다) <듣기-감정 반영하기, 공감하기>

00학생 4: 샘. 저 대학 안 갈 거예요. 미용사 될 거예요.

A교사 5: 그래? <듣기-명료화>

00학생 5: 네. (눈을 맞춘다) 저 그래서 성적 필요 없구요. 지금 미용 학원 다녀요.

A교사 6: 그렇구나. 그래서 성적도 안 좋고, 머리도 그렇게 하고 다니는 거니? <듣기-재진술>

00학생 6: 네.

A교사 7: 부모님과 상의는 했고?

00학생 7: (잠시 침묵) ...엄마 아빠 지금 따로 살아요. 저 할머니랑 살아요.

A교사 8: 그러니까 네 말은 지금 엄마 아빠가 너랑 같이 살지 않으시고, 할머니랑 둘이 산다는 말이지? <듣기-재진술>

00학생 8: 네... (고개를 떨구고 침묵)

A교사 9: 음... 그런 사정이 있었구나... 네가 맘이 맘이 아니겠구나. <듣기-재진술, 감정 반영하기>

00학생 9: (울컥하고 잠시 침묵) 그래도 저 괜찮아요. 울 할머니 좋으시고, 저 잘 살 거예요. 그래서 미용도 배우는 거예요.

A교사 10: <u>그렇구나. 네 말은 엄마 아빠 따로 사시지만, 좋은 할머니랑 살고 있으니, 대학 안 가고 미용 배워서 빨리 취직해서 잘 살 거라는 말이지? 맞니?</u> <듣기-요약 하기>

00학생 10: 네.

A교사 11: 더 해줄 말 있니?

00학생 11: 아니요.

A교사 12: <u>네 말을 들으니 성적이 떨어지고 머리를 그렇게 하고 다니는 것이 이해가 되네. 힘들었을 텐데... 그래도 그렇게 노력하는 걸 보니 고맙고 기특하구나.</u> <듣기- 타당화, 공감하기> <말하기-감정 말하기>

00학생 12: (웃음)

A교사 13: (함께 웃음) 그래도 졸업은 할 거지?

00학생 13: 그럼요. (웃음)

A교사 14: (함께 웃음) 그나저나 얘기를 들으니 네 사정이 이해가 된다마는, 계속 등교 때 (머리 때문에) 벌점을 받으니, <u>샘이 무척 곤란하구나...</u> <말하기-감정 말하기>

00학생 14: (잠시 생각하다가) 샘. 그러면, 제가 아침에 매일 교문에서 머리 단속하기 전에 일찍 등교하면 어때요?

A교사 15: 그럴 수 있겠어?

00학생 15: 그럼요. 샘이 제 머리를 이해해 주시는데, 저도 그 정도는 할 수 있죠.

A교사 16: 그렇구나. (웃음) 고맙다. 샘은 네 머리 이해한다. 그렇게 힘든 상황에서 네 꿈을 향해 노력하고 있는 거잖니? 내가 너라도... 머리 포기 못하는 심정이 이해가 된다. <듣기-타당화> 다른 교과 선생님들께는 샘이 직접 사정 설명하고

이해를 구해볼게. 아마 다른 선생님들도 사정을 아시면 눈감아주실 거야.

○○학생 16: 감사해요. 샘. (눈을 마주친다)

A교사 17: 그런데 얘기할 게 하나 더 있는데, 수업시간에 계속 엎드려 있는다고?

○○학생 17: 네. 대학도 안 갈 건데, 지루하기만 하고 힘들어요.

A교사 18: <u>그렇구나. 그럴 수 있겠네.</u> 하지만 반 애들 다 같이 함께 생활하는 건데, 공부하는 다른 애들에게 영향이 있을 것 같아 걱정이구나. <듣기-감정 반영하기> <말하기-감정 말하기>

○○학생 18: 아... 그 생각은 못했네요.

A교사 19: 음... 그럼 어차피 졸업도 할 거니, 다른 애들 생각해서 그냥 공부를 해 보는 건 어때? 성적 상관하지 말고, (웃음) 재미 삼아... 미용사 돼서 손님들 상대하려면 이것저것 알아두는 게 얘깃거리도 많고 도움 되지 않을까?

○○학생 19: 음... 생각해 볼게요.

A교사 20: 오늘 힘든 얘기 해줘서 고맙다. 힘든 일 있는데도 잘 살아줘서 더 고맙고, 꼭 꿈 이뤘으면 좋겠구나. <말하기-감정 말하기>

○○학생 20: 네. (눈을 맞춘다) 제가 나중에 미용사 되면 선생님은 특별히 싸게 해 드릴게요.

A교사 21: 얘. 난 싫다. (농담처럼 말한다) 난 싸게 해주는 미용실 안 갈 거야. 아주 비싼 미용실에 가서 비싸게 머리할 거야. 그때 꼭 샘 머리해줘야 한다. <유머> <듣기-성장 동기 공감하기>

○○학생 21: (눈을 마주치며, 울컥하다가 이윽고 고개를 떨구고 눈물을 떨어뜨린다)

A교사 22: (어깨를 토닥인다) <비언어적 공감하기>

○○학생 22: 저 내일부터 일찍 등교할게요. 걱정 마세요.

A교사 23: 그래. 고맙다. 내일 보자.

○○학생 23: 네. 안녕히 계세요.

※ 실습 시 밑줄 그은 부분에 적당한 말을 넣어 본다.

Ⅵ 에필로그: 소통과 관계 맺기

• 『어린 왕자』 중 일부, '시간과 기다림, 관계와 소통에서 사랑의 중요성'

유명한 소설인 생텍쥐페리(Saint−Exupéry)의 『어린 왕자』를 보면, 어린 왕자와 사막 여우의 대화 중 "Ce qui est important, ça ne se voit pas... (중요한 것은 눈에 보이지 않아)"라는 명대사가 나온다. 이 말은 의사소통과 관계 맺기에도 많은 시사점이 있다. 이 표현에서 눈에 보이지 않는 것은 상대를 존중하고 배려하고 기다리는 사랑의 마음 일 것이다. 성경책에서는 관계에서 사랑의 마음을 주고받는 방법을 잘 알려주고 있는 데, 그것을 잘 표현한 성구 중 하나가 "Love your neighbor as yourself(네 이웃을 네 몸과 같이 사랑하라)."이다. 나를 존중하고 사랑하는 마음으로 상대도 존중하고 사랑하는 마음으로 대화하는 것이 의사소통의 기본이자 핵심이다. 기다림과 배려, 존중과 사랑, 이런 마음으로 말하고 듣고 비언어적 의사 표현을 이해할 때 교사와 학생 사이의 마음이 통하고 학생은 잠재력 실현과 성장을 위해 더욱 노력할 것이다.

참고 문헌

강길호, 김현주(1995). 커뮤니케이션과 인간. 서울: 한나래.

강명희, 이수연(2013). 청소년의 학업스트레스와 심리적 안녕감의 관계에서 희망 및 자
　　아탄력성의 매개효과. 청소년학연구, 20(6), 265－293.

강진령(2007). 집단상담의 실제. 서울: 학지사.

강현주, 이홍숙, 최한나(2016). 상담자의 자기 돌봄(self － care) 인식에 관한 개념도
　　연구. 상담학연구, 17(2), 25－45.

고영건(2007). (심리학적인) 연금술. 서울: 시그마프레스.

고영건(2007). 인디언 기우제. 서울: 정신세계원.

권기덕, 최명숙(2013). Flanders 언어상호작용 분석법을 이용한 초등학교 우수수업과 일
　　반수업의 비교. 아동교육, 22(2), 37－51.

김갑숙, 전영숙, 이철우(2009). 청소년의 부모 애착, 자아분화, 자아존중감이 우울에 미
　　치는 영향. 한국가족치료학회지, 17(1), 209－224.

김교헌(2004). 한국 청소년의 우울과 자살. 한국심리학회지: 문화 및 사회문제, 10,
　　55－68.

김교헌(2008). 마음챙김과 자기조절 그리고 지혜. 한국심리학회지 건강, 13(2),
　　285－306.

김남희, 김종백(2011). 기본심리욕구와 수업참여를 매개로 한 학생－교사애착관계와 학
　　업성취도의 관계: 교사지지와 학생－교사애착관계의 의미와 역할의 차이를 중
　　심으로. 교육심리연구, 25(4), 763－789.

김도희, 지경예, 김희정(2021). 전문상담교사의 역할갈등과 소진의 관계에서 플로리시

의 매개효과. Journal of Digital Convergence, 19(11), 499-509.

김미종(2019). 간호학생의 의사소통능력, 자기주장과 자아존중감 및 의사소통능력 영향요인. 인문사회 21, 10(2), 603-617.

김서영, 김성희(2016). 청소년 자녀를 둔 어머니의 감정코칭 의사소통과 이에 대한 자녀의 지각 차이 및 부적응문제. 가족자원경영과 정책(구 한국가족자원경영학회지), 20(2), 1-17.

김선경, 김계현(2004). 상담자 재진술 반응 유형의 분류 및 기능 분석. 상담학연구, 5(3), 477-491.

김수연(2021). 외상경험 대학생의 정서조절양식과 정서적 자기노출이 외상 후 성장에 미치는 영향. 청소년학연구, 28(11), 145-174.

김영신, 김승희(2022). 학교 밖 후기청소년의 경험과 요구에 관한 질적 사례연구. 한국교육문제연구, 40(3), 1-31.

김영아(2012). 십대라는 이름의 외계인. 서울: 라이스메이커.

김영희, 최보영(2015). 학업중단 청소년의 심리사회적 적응과정. 한국청소년연구, 26(2), 145-175.

김옥, 강은주(2020). 그림책 독서치료가 유아의 자아개념 및 긍정/부정적 언어표현에 미치는 영향. 독서치료연구, 12(1), 43-70.

김옥예(2006). 교사 전문성의 재개념화에 관한 연구. 교육행정학연구, 24(4), 139-159.

김정민(2008). 사회불안장애 청소년을 위한 인지행동치료와 인지행동치료·주의훈련의 효과 비교. 한국심리학회지: 상담 및 심리치료, 20(2), 243-267.

김정휘, 백영승, 이재일(1995). 교사의 직무 스트레스의 분석적 연구(Ⅲ). 敎育硏究, 13, 3-96.

김현진(2017). 중학생이 지각한 부모의 민주적 양육태도 및 교사와의 관계가 자아존중감에 미치는 효과에서 자기조절학습능력의 장기적 매개효과 분석. 한국콘텐츠학회논문지, 17(10), 30-40.

김희정(2015). 교사-학생 관계, 성취목표지향성, 학업적 자기효능감이 학습몰입에 미치는 영향. 학습자중심교과교육연구, 15(12), 155-178.

김희정, 송인섭(2013). 중·고등학생의 교사-학생관계, 학습동기 변인, 학습몰입 간의 관계 모형 검증. 교육심리연구, 27(2), 409−429.

나철(1992). 가면성 우울증. 醫藥情報, 4, 136−137.

노미애(2012). 14살 마음의 지도. 서울: 북멘토.

노미애(2016). 내 편이 되어줄래?. 서울: 교보문고.

노은숙, 부성숙(2012). 유아교사의 정서지능이 의사소통능력에 미치는 영향. 교육과학
연구, 43(4), 113−135.

도종환(2007). 사람의 마을에 꽃이 진다. 경기도: 문학동네.

문정우(2012. 01. 25.). 10대는 왜 괴물처럼 변하곤 할까?. 시사IN.
https://www.sisain.co.kr/news/articleView.html?idxno=12108 에서 검색.

민정윤, 김유미(2020). 초등교사의 직무 스트레스와 교사효능감의 관계 : 사회적 지지와
자기자비의 매개효과. 학습자중심교과교육연구, 20(10), 187−205.

박대권, 박창범, 김영식, 배준용(2013). 경쟁적 체육활동에서 나타나는 부정적 언어의
영향−학생들의 경험에 대한 근거 이론 및 정신의학적 접근. 통합교육과정연
구, 7(2), 85−108.

박성미(2007). 청소년의 자아정체감 확립. 지역사회, 겨울호, 84−88.

박소연, 김한별(2012). 대학생의 저널쓰기를 통한 자아성찰 과정에서의 자아정체감 형
성 경험분석. 교양교육연구, 6(1), 153−178.

박아청(2006). 청소년, 청년의 정체성과 정신건강. 한국사회과학연구, 25(2), 221−237.

박영신, 김의철, 정갑순(2004). 한국 청소년의 부모자녀 관계와 성취에 대한 종단연구:
자기효능감과 성취동기를 중심으로. 한국심리학회지: 문화 및 사회문제, 10(3),
37−59.

박우철(2009). 청소년의 체질량지수, 자존감, 가족의 신체비판 및 미디어노출이 신체상
에 미치는 영향. 연세대학교 석사학위 청구논문.

박은아, 김은하(2016). 교사의 의사소통능력과 소진의 관계에서 교사효능감의 매개효
과. 한국웰니스학회지, 11(3), 277−285.

박진원, 권도하(2009). 학령기 말더듬아동의 심리적 정서적 의사소통 태도에 관한 연구.
정서·행동장애연구, 25(2), 39−56.

박혜정(2016). 보육교사의 가족−교사 간 의사소통이 교사의 심리적 소진과 교사효능감

에 미치는 영향. 한국콘텐츠학회논문지, 16(1), 530−540.

방상옥, 임신일(2022). 부모의 긍정적 양육태도, 교사애착관계, 학업성취의종단적 관계 검증: 자기회귀교차지연 모형 분석. 청소년학연구, 29(4), 237−261.

서동명(2008). 도덕과 교실문화 개선을 위한 교사의 역할 − 비고츠키 발달이론을 중심으로. 윤리철학교육, 9, 99−115.

성수나(2021). 다문화청소년의 자아정체성에 영향을 미치는 심리적 지원방안에 관한 연구. 지식융합연구, 4, 51−78.

성윤미, 김정희(2018). 장애통합교사와 일반교사의 정서지능과 의사소통능력이 교사−영유아 상호작용에 미치는 영향. 미래유아교육학회지, 25(2), 235−260.

성희창(2020). 중학교 교사의 소명의식 형성 과정 연구. 教育行政學硏究, 38(1), 253−279.

소미영(2012). ‘관계 지향적 듣기’와 ‘반응’에 관한 연구. 화법연구, (20), 141−170.

송종순, 박재연(2021). 정서행동 중심 통합적 집단상담이 학교 부적응학생의 자기효능감, 자아탄력성 및 학교생활 적응력에 미치는 효과. 청소년학연구, 28(10), 57−81.

송현, 이영순(2018). 침투적 반추와 외상 후 성장의 관계에서 정서인식명확성, 정서적 자기노출, 의도적 반추의 매개효과. 재활심리연구, 25(4), 603−622.

신준희, 김영근(2021). 침습적 반추와 외상 후 성장의 관계에서 정서적 자기노출, 정서 조절 및 의도적 반추의 매개효과. 한국심리학회지: 상담 및 심리치료, 33(1), 323−343.

안동현(2009). 청소년 정신건강장애. 대한의사협회지, 52(8), 745−757.

안혜진, 정미경(2015). 청소년의 자아개념, 사회적지지가 자기효능감을 매개로 진로성숙도에 미치는 영향에 대한 종단적 분석. 한국교육학연구(구 안암교육학연구), 21(3), 279−303.

앙투안 드 생텍쥐페리(2015). 어린 왕자. 서울: 열린책들.

연문희, 강진령(2002). 학교상담. 서울: 양서원.

연문희(2004). 성숙한 부모 유능한 교사. 서울: 양서원.

연문희(2004). (참 만남을 위한) 한 쌍의 대화. 서울: 학지사.

연문희, 강진령(2009). 학교상담 학생생활지도. 경기도: 양서원.

연합뉴스(2021. 5. 18.). 한국 중학교 교사 직무 스트레스, 48개국 평균보다 높아. https://www.yna.co.kr/view/AKR20210518137200530?input=1195m 에서 검색.

오제은(2009). (오제은 교수의) 자기 사랑 노트. 서울: 샨티.

유동수(2000). 감수성 훈련. 서울: 학지사.

유지선, 임효진(2022). 교사 자율성, 교사 협력과 전문성 개발의 관계에서 그릿과 교직 열정의 매개효과. 한국교원교육연구, 39(2), 143-168.

육성필, 조윤정(2019). 자살위기의 이해와 개입. 서울: 박영story.

윤정숙, 이지연(2006). 자녀가 지각한 부모의 긍정적 강화가 비언어적 행동에 대한 민감성에 미치는 영향. 상담학연구, 7(2), 289-306.

윤정훈(2022. 6. 7.). 대구교사들 가장 큰 스트레스 원인은 '학생', 특히, 생활지도에 어려움. 매일신문. http://news.imaeil.com/page/view/2022060715065414842 에서 검색.

이경선(2015). 후기청소년의 사회적 히끼꼬모리와 2차 분리-개별화. 연세상담코칭연구, 4, 105-127.

이규미(2017). 상담의 실제 과정과 기법. 서울: 학지사.

이규인(2005). 자기노출 훈련이 자기 효능감, 자기 존중감, 학교생활 적응에 미치는 영향. 충남대학교 석사학위 청구논문.

이남옥(2005). 이혼상담. 서울: 서울가정법원상담위원회.

이동훈, 김시형, 이수연, 최수정(2018). 트라우마를 경험한 대학생의 지각된 사회적지지, 정서적 자기노출이 외상 후 성장에 미치는 영향: 스트레스 대처전략의 매개효과를 중심으로. 한국심리학회지 상담 및 심리치료, 30(2), 371-395.

이병진(2003). 교육리더십; 새로운 교육의 패러다임. 서울: 학지사.

이선미, 천우영(2013). 다문화가정 아동이 지각한 부모-자녀 간의 의사소통유형이 아동의 자아정체성에 미치는 영향. 아동교육, 22(1), 33-54.

이숙정(2006). 중·고생의 교사신뢰와 자아존중감, 학습동기, 학업성취 및 학급풍토간의 관계모형 검증. 교육심리연구, 20(1), 197-218.

이시형(1994). 현대가정의 정신병리. 한국아동학회 학술발표논문집, 43-56.

이은희, 정순옥(2006). 청소년이 지각한 부모의 양육행동 및 친구관계와 우울간의 관계에서 자아정체감의 매개효과: 공변량 구조분석. 한국청소년연구, 17(2), 213−239.

이은희(2011). 대학생의 불안정 애착 및 자아정체성이 진로미결정에 미치는 영향. 한국심리학회지: 건강, 16(2), 401−425.

이장호, 금명자(2008). 상담연습교본. 서울: 법문사.

이재성(2014). (대한민국 건강 지킴이 이재성 박사의) 우리 가족은 안녕하십니까. 경기도: 소라주.

이주섭(2005). 듣기, 말하기 교육에서의 비언어적 표현 지도 방안. 청람어문교육, 31, 101−121.

이해진, 송태옥(2013). 정보교사의 전인적 역량에 대한 평가 도구의 개발. 한국컴퓨터교육학회 학술발표대회논문집, 17(2), 211−214.

이형득(2003). 본성실현 상담. 서울: 학지사.

이효정(2003). 중학생이 지각한 부모의 양육태도와 자아존중감의 관계. 숙명여자대학교 석사학위 청구논문.

이희현(2017). 교사 직무 스트레스 실태 분석 및 해소 방안 연구(OR2017−08). 연구보고서, 2017(1), 1−209.

임용자(2010). NLP심리치료의 명상적 요소. 명상치료연구, 4호, 62−113.

임지윤, 도승이(2014). 교사의 정서노동이 직무스트레스, 소진 및 교사효능감에 미치는 영향. 한국교원교육연구 31(1), 197−220.

장영숙, 정진경(2012). 자기표현활동이 유아의 자아존중감과 조망수용능력에 미치는 영향. 교육종합연구, 10(1), 173−194.

장휘숙(2002). 청년후기의 부모에 대한 애착, 분리−개별화 및 심리사회적 적응, 한국심리학회지: 발달, 15(1), 101.

장희선(2017). 영유아교사의 정서지능과 의사소통능력이 행복감에 미치는 영향. 열린유아교육연구, 22(1), 303−324.

정경숙, 오은주(2022). 고등학생의 지각된 스트레스와 충동성이 일탈행위에 미치는 영향. 한국산학기술학회논문지, 23(6).

정순례, 양미진, 손재환(2010). 청소년 상담 이론과 실제. 서울: 학지사.

정옥분(2006). 발달심리학: 전생애 인간 발달. 서울: 학지사.

정태연, 최상진, 김효창(2002). 아동과 어른 그리고 청소년에 대한 사회적 표상: 성격적, 관계적 및 과업적 특성을 중심으로. 한국심리학회지: 문화 및 사회문제, 8(2), 51−76.

정희준(2011. 10. 30.). 자살 중학생 "아이팟을 함께 묻어주세요". 경향신문. https://www.khan.co.kr/article/201110302108075 에서 검색.

조경미(2019). 초등학생의 자기표현 집단미술치료가 자아존중감 및 대인관계 스트레스에 미치는 효과. Doctoral dissertation, 한양대학교.

조규락, 이정미(2015). 수업 중에 나타나는 학생의 비언어적 의사소통 행동에 대한 교사의 경험과 감정·정서 인식. 한국교원교육연구, 32(1), 89−118.

조 내버로, 마빈 칼린스(2022). FBI 행동의 심리학. 서울: 리더스북.

조윤경(2019). 대학 수업에서 교수자의 자기주장성에 관한 연구: 명료성·친근성 및 학생참여·학습효과와의 관계를 중심으로. 한국교육, 46(3), 153−179.

조화섭(2017). 혼자 하는 교육학. 서울: 현대고시사.

존 버닝햄(1996). 검피 아저씨의 뱃놀이. 서울: 시공주니어.

최상진(2000). 한국인 심리학. 서울: 중앙대학교 출판부.

최상진, 김기범(1999). 한국인의 심정심리: 심정의 성격, 발생과정, 교류양식 및 형태. 한국심리학회지: 일반, 18(1), 1−16.

최상진, 김정운(1998). "Shim−Cheong" psychology as a cultural psychological approach to collective meaning construction. 한국심리학회지: 사회 및 성격, 12(2), 79−96.

최성애, 조벽(2012). 청소년 감정코칭: 교사와 부모들을 위한 사랑의 기술. 서울: 해냄출판사.

최선우, 변상해(2020). 초등교사의 자기돌봄이 심리적 안녕감에 미치는 영향 : 직무스트레스와 심리적 소진의 매개효과를 중심으로. 인문사회 21, 11(4), 749−764.

최성환, 최해연(2014). 청소년 정서조절의 이해: 측정도구의 개발 및 타당화. 한국심리학회지: 일반, 33(4), 833−855.

최욱(2010). HRD 용어사전. 서울: 중앙경제.

최혜경(2012). 청소년기의 여가활동, 자아 정체성, 삶의 만족도의 관계. 세종대학교 석사학위 청구논문.

하영철(1995). 受驗敎育學. 서울: 螢雪出版社.

하임 G. 기너트(1993). 교사와 학생의 사이. 서울: 종로서적.

한국심리학회(1997). 현대심리학의 이해. 서울: 학문사.

한석환(2015). 아리스토텔레스 수사학 연구. 경기도: 서광사.

한성열, 한민, 이누미야 요시유키, 심경섭(2015). 문화심리학: 동양인, 서양인, 한국인의 마음. 서울: 학지사.

한성열(2021). 이제는 나로 살아야 한다. 경기도: 21세기북스(북이십일).

한세영(2005). 청소년 자아정체감 발달의 최근 국내연구동향과 전망. 생활과학연구논총, 9(1), 31-43.

한숙종, 방명애, 권보미(2018). 자기표현 훈련 프로그램이 품행장애 위험 고등학생의 자아존중감과 대인관계에 미치는 영향. 정서·행동장애연구, 34(1), 177-196.

허난설, 이지향(2019). 학교상담자가 교사와의 협력 관계에서 경험한 윤리적 갈등상황과 대처에 대한 합의적 질적 연구. 아시아교육연구, 20(4), 1149-1179.

홍종관(2016). 효과적인 대인관계를 위한 공감적 이해에 관한 고찰. 초등상담연구, 15(5), 63-577.

황매향(2010). (부모가 알아야 할) 청소년기의 뇌 이야기. 서울: 한국방송통신대학교출판부.

황의찬, 김지혜, 유지연, 송남옥, 신효정(2020). 폭력 피해 경험이 있는 초등 교사의 대인관계 문제와 교사 소진의 관계에서 자기 자비의 매개 효과. 학습자중심교과교육연구, 20(5), 1343-1367.

황인호, 장성화(2012). 교사의 심리적안녕감, 공감능력, 직무효율성이 직무만족도에 미치는 영향. 한국콘텐츠학회논문지, 12(2), 232-242.

황혜림, 이영애(2022). 아동·청소년의 자기자비 관련변인에 대한 메타분석: 보호요인과 위험요인을 중심으로. 한국놀이치료학회지, 25(4), 305-330.

Alberts, A., Elkind, D., & Ginsberg, S. (2007). The personal fable and risk−taking in early adolescence. Journal of youth and adolescence, 36(1), 71−76.

Amelia Hill(2010). Red Cross Study Reveals Problems with Reenagers and Drink, Guardian.

Aspy, D., & Roebuck, F. (1977). Kids don't learn fran people they don't like. Massachusetts: Human Resource Development Press.

Aspy, D. N. (1978). Kids don't learn from people they don't like. Massachusetts: Human Resource Development Press.

Aspy, D. N., & Roebuck, F. N. (1988). Carl Rogers's contributions to education. Person−centered review.

Berne, E. (2011). Games people play: The basic handbook of transactional analysis. Tantor eBooks.

Brezina, T., Piquero, A. R., & Mazerolle, P. (2001). Student anger and aggressive behavior in school: An initial test of Agnew's Macro−level strain theory. Journal of Research in Crime and Delinquency, Vol. 38, pp. 362−386.

Bradley, C., & Cordaro, D. T. (2020). Impacts of the four pillars of wellbeing curric−ulum: A 3−year pilot study. Translational Issues in Psychological Science, 6(4), 404−411.

Brown, Rick(2009). 이마고 부부관계치료: 이론과 실제. 서울: 학지사.

Buggs, B. (2021). The Relationship Between Teacher Stress and Students. Doctoral dissertation, Trevecca Nazarene University.

Burgoon, J. K., Buller, D. B., & Woodall, W. G. (1989). Nonverbal communication: The unspoken dialogue. Harpercollins College Division.

Carl R. Rogers. (1998). (칼 로저스의) 카운슬링의 이론과 실제. (한승호, 한성열 공역). 서울: 학지사.

Carl R. Rogers. (2007). 칼 로저스의 사람−중심 상담. (오제은 역). 서울: 학지사.

Carl R. Rogers. (2009). 진정한 사람되기. (주은선 역). 서울: 학지사.

Carl R. Rogers & H. Jerome Freiberg(2011). 학습의 자유. (연문희 역). 서울: 시그마프

레스.

Cooper, C. R. (2011). Bridging multiple worlds: Cultures, identities, and pathways to college. Oxford University Press.

Coster, J. S., & Schwebel, M. (1997). Well−functioning in professional psychologists. Professional Psychology: Research and Practice, 28(1), 5.

Corey, M. S., Corey, G., & Corey, C. (2013). Groups: Process and practice. Cengage.

Dellas, M., & Jemigan, L. P. (1990). Affective personality characteristics associated with undergraduate ego identity formation. Journal of Adolescent Research, 5(3), 306−324.

Edna B. Foa(2010). 두려움과 걱정에 사로잡힌 아이들 불안장애(최미례, 연미영 공역). 서울: 학지사.

Erikson, E. H. (1993). Childhood and society. WW Norton & Company.

Erikson, E. H. (1994). Identity: Youth and crisis. WW Norton & company.

Erikson, Erik H. (2014). 유년기와 사회. (송제훈 역). 경기도: 연암서가.

Feinstein, S. G. (2009). Secrets of the teenage brain: Research−based strategies for reaching and teaching today's adolescents. (Ed.). Corwin Press.

Feinstein, Sheryl. (2010). (부모가 알아야 할) 청소년기의 뇌 이야기. (황매향 역). 서울: 한국방송통신대학교출판부.

Flanders, N. A. (1963). Intent, action and feedback: A preparation for teaching. Journal of Teacher Education, 14(3), 251−260.

Flanders, N. A. (1965). Teacher Influence, Pupil Attitudes, and Achievement: Ned A. Flanders (No. 12). US Department of Health, Education, and Welfare, Office of Education.

Fleischmann, M. H., Manova, V., Wisener, M., & Khoury, B. (2022). Mindfulness facets and self−compassion as moderators of the relationship between occupational stressors and mental health symptoms in canadian police officers. Canadian Journal of Behavioural Science/Revue Canadienne Des Sciences Du Comportement, 54(4), 347−353.

Frank, A. R., & McKenzie, R. (1993). The development of burnout among special educators. Teacher education and Special education, 16(2), 161−170.

Frank, S. J., Pirsch, L. A., & Wright, V. C. (1990). Late adolescents' perceptions of their relationships with their parents: Relationships among deidealization, autonomy, relatedness, and insecurity and implications for adolescent ad−justment and ego identity status. Journal of youth and adolescence, 19(6), 571−588.

Ginott, Haim G. (2003). 교사와 학생사이. 서울: 양철북.

Gleitman, H. (1992). Basic psychology. WW Norton & Co.

Gordon, T. (2002). 부모역할훈련. (이훈구 역). 서울: 양철북.

Gosnell, N. M., O'Neal, C. R., & Atapattu, R. (2021). Stress, mental health, and self−care among refugee teachers in malaysia. Asian American Journal of Psychology, 12(3), 176−192.

Gottman, J. M., & Levenson, R. W. (1999). What predicts change in marital inter−action over time? A study of alternative models. Family process, 38(2), 143−158.

Hall, G. S. (1904). Adolescence in literature, biography, and history. In G. S. Hall, Adolescence: Its psychology and its relations to physiology, anthropology, sociology, sex, crime, religion and education, Vol. 1, 513-589. D Appleton & Company. https://doi.org/10.1037/10616−008 에서 검색.

Hamilton, N. Gregory. (2007). 대상관계 이론과 실제. (김진숙, 김창대, 이지연 공역). 서울: 학지사.

Hill, C. E. (2012). 상담의 기술. (주은선 역). 서울: 학지사.

Stuss, D. T., & Knight, R. T. (2013). Principles of Frontal Lobe Function. Oxford University Press.

Inagaki, M. (2013). Developmental transformation of narcissistic amae in early, middle, and late adolescents: Relation to ego identity. Japanese Journal Of Educational Psychology, 61(1), 56−66.

Jacqueline B. Person. (1999). 인지치료의 실제. 서울: 중앙문화사.

Jensen, Frances E. (2019). 10대의 뇌. 경기도: 웅진지식하우스.

Kanel, K. (2019). A guide to crisis intervention. Cengage Learning.

KBS 뉴스(2022. 6. 30.). 전교생 6백여 명, 학폭 전담 교사는 한 명. https://news.kbs.co.kr/news/view.do?ncd=5498993 에서 검색.

Kyeong, L. W. (2013). Self-compassion as a moderator of the relationship between academic burn-out and psychological health in Korean cyber university students. Personality and Individual Differences, 54(8), 899-902.

Lanaj, K., Jennings, R. E., Ashford, S. J., & Krishnan, S. (2022). When leader self-care begets other care: Leader role self-compassion and helping at work. Journal of Applied Psychology, 107(9), 1543-1560.

Lapsley, D. K., & Murphy, M. N. (1985). Another look at the theoretical assumptions of adolescent egocentrism. Developmental Review, 5(3), 201-217.

Leary, M. R., Tate, E. B., Adams, C. E., Batts Allen, A., & Hancock, J. (2007). Self-compassion and reactions to unpleasant self-relevant events: the implications of treating oneself kindly. Journal of personality and social psychology, 92(5), 887.

Leathers, D. G. (1986). Successful nonverbal communication: Principles and application. Boston: Allyn & Bacon.

Lenroot, R. K., & Giedd, J. N. (2006). Brain development in children and adolescents: insights from anatomical magnetic resonance imaging. Neuroscience & biobehavioral reviews, 30(6), 718-729.

Levenson, R. W., & Gottman, J. M. (1985). Physiological and affective predictors of change in relationship satisfaction. Journal of personality and social psychology, 49(1), 85.

Luft, J., & Ingham, H. (1955). The Johari window, a graphic model of interpersonal awareness. Proceedings of the western training laboratory in group development, 246, 2014-2003.

Marcia, J. E. (1980). Identity in adolescence. Handbook of adolescent psychology, 9(11), 159−187.

Marcia, J. E. (1989). Identity and intervention. Journal of adolescence, 12(4), 401−410.

Mehrabian, A. (1971). Silent messages. Belmont, CA: Wadsworth.

National Institute of Mental Health(2001). Teenage brain: A work in progress. National Institute of Mental Health, 1(4929), 1−3.

Neff, K. (2003). Self−compassion: An alternative conceptualization of a healthy at−titude toward oneself. Self and identity, 2(2), 85−101.

Neff, K. D., Kirkpatrick, K. L., & Rude, S. S. (2007). Self−compassion and adaptive psychological functioning. Journal of research in personality, 41(1), 139−154.

O'Malley, E. B., & O'Malley, M. B. (2008). School start time and its impact on learning and behavior. Sleep and psychiatric disorders in children and adolescents, 95−110.

Pennebaker, J. W. (2012). Opening up: The healing power of expressing emotions. Guilford Press.

Persons, J. B. (1989). Cognitive therapy in practice: A case formulation approach, New York: WW Norton.

Petrides, M., & Pandya, D. N. (2002). Association pathways of the prefrontal cortex and functional observations. Oxford University Press.

Rai, R., Mitchell, P., Kadar, T., & Mackenzie, L. (2016). Adolescent egocentrism and the illusion of transparency: Are adolescents as egocentric as we might think?. Current Psychology, 35(3), 285−294.

Reigosa, T. (2022). Facilitating teachers' social−emotional competence during times of change and crisis. Available from Publicly Available Content Database.

Saakvitne, K. W., & Pearlman, L. A. (1996). Transforming the pain: A workbook on vicarious traumatization. WW Norton & Co.

Samples, F., & Aber, L. (1998). Evaluations of school−based violence prevention programs. In D. S. Elliot, B. A. Hamburg & K. R. Williams (Eds.), Violence in American schools (pp. 217−252). New York: Cambridge University Press.

Seligman, M. E. (1989). Research in clinical psychology: Why is there so much de− pression today? The G. Stanley Hall lecture series. 75−96.

Siegel, Daniel J. (2014). 십대의 두뇌는 희망이다. 서울: 처음북스.

Slavin, R. E. (2005). 교육심리학: 이론과 실제. (강갑원 외 역). 서울: 시그마프레스.

Susman, E. J., & Dorn, L. D. (2013). Puberty: Its role in development, In I. B. Weiner & others (Eds.), Handbook of psychology (2nd edition, Vol. 6). 289−320.

Swartz, J. R., Carrasco, M., Wiggins, J. L., Thomason, M. E., & Monk, C. S. (2014). Age−related changes in the structure and function of prefrontal cortex-amygdala circuitry in children and adolescents: A multi−modal imaging approach. Neuroimage, 86, 212−220.

Tausch, A. M., Wittern, O., & Albus, J. (1976). Kindergarten−teacher−child inter− actions in a pre−school. Psychologie in Erziehung und Unterricht.

Thorne, Brian(2007). 인간중심치료의 창시자 칼 로저스. 서울: 학지사.

Walsh, David Allen(2011). 10대들의 사생활. (곽윤정 역). 서울: 시공사.

Weinberger, S. (2004). Klientenzentriete Gesprächsfürung. München.

Yuan, V., & Anastasia, S. (2010). Body perceptions, weight control behavior, and changes in adolescents' psychological well−being over time: A longitudinal examination of gender. Journal of Youth and Adolescence, 39(8), 927−939.

영상자료

JTBC Drama. (2018. 12. 23.). 예서의 성적 하락 원인 [동영상]. YouTube. https://youtu.be/LnckWPYypnw

디글 :Diggle. (2020. 6. 28.). [#유퀴즈온더블럭] ⋯ 그리고 유재석을 울게 한 전화 한 통,, [동영상]. YouTube. https://youtu.be/zfgL5YOgig4

부록

1 한국형 MBI-ES 척도(Maslach Burnout Inventory Educators Survey)

1) 척도 설명

교사소진 측정을 위하여 정송과 노언경(2020)이 기존의 Maslach와 Jackson이 1981년에 개발한 Maslach Burnout Inventory를 교육자용으로 개발한 Maslach Burnout Inventory Educators Survey(MBI–ES)를 국내의 교사 문화에 맞게 검토, 수정하고 타당화 연구를 거친 한국형 교사소진 척도를 사용하였다. 교사소진 하위요인인 정서적 고갈(4문항), 개인적 성취감(3문항), 비인간화(3문항)의 총 10개 문항으로 구성되어 있다.

2) 척도 구성

번호	내용	점수				
1	나는 아침에 일어나 학교에서 또 다른 하루를 보내야 한다고 생각할 때 피로함을 느낀다.	1	2	3	4	5
2	하루 종일 사람들을 상대하는 것은 나에게 정말 부담스러운 일이다.	1	2	3	4	5
3	나는 학생들의 문제를 매우 효과적으로 다룬다.	1	2	3	4	5
4	나는 내 일을 통해 학생들의 인생에 긍정적인 영향을 주고 있다고 느낀다.	1	2	3	4	5

5	나는 교직에 종사하면서부터 주변 사람들에게 점점 냉담해졌다.	1	2	3	4	5
6	나는 내 일이 나를 감정적으로 무뎌지게 하는 것 같아 걱정스럽다.	1	2	3	4	5
7	나는 업무로 인해 좌절감을 느낀다.	1	2	3	4	5
8	나는 일부 학생들에 대해 정말 관심이 없다.	1	2	3	4	5
9	나는 내 일에서 가치 있는 것을 많이 성취했다.	1	2	3	4	5
10	나는 내가 한계에 다다른 것처럼 느껴진다.	1	2	3	4	5

2 TBI(Teacher Burnout Inventory)

1) 척도 설명

정연홍(2016)이 개발한 TBI(Teacher Burnout Inventory) 척도의 하위 영역은 5개 영역이며 총 22개 문항으로 구성되어 있다. 하위영역은 교권에 대한 위기감 5문항, 무능감 4문항, 좌절감 4문항, 행정업무 부담감 4문항, 교직 회의감 5문항으로 구성되어 있다.

2) 척도 구성

번호	내용	점수				
1	나는 사람들이 나를 교사로서의 의무만 있는 사람처럼 대한다는 생각이 들어 허무하다.	1	2	3	4	5
2	나는 사람들이 나에게 유난히 엄격한 도덕적 기준을 강요하는 것에 숨이 막히는 기분이다.	1	2	3	4	5
3	나는 학부모가 과도한 기대와 요구를 하는 것 같아 심한 스트레스를 받는다.	1	2	3	4	5

4	나는 교사에 대한 복지와 지원수준이 실망스러워 교사인 내가 초라하게 느껴질 정도이다.	1	2	3	4	5
5	나는 학생이나 학부모가 나에게 무례하게 대하는 것에 모멸감을 느낀다.	1	2	3	4	5
6	나는 학교생활에서 나의 능력을 잘 발휘하고 있다.	1	2	3	4	5
7	나는 학교관리자로부터 수업과 생활지도를 잘한다는 인정을 받고 있다.	1	2	3	4	5
8	나는 학교생활을 하면서 부딪히는 문제에 지혜롭게 대처하는 편이다.	1	2	3	4	5
9	나는 수업, 생활지도, 행정업무 등의 일을 모두 하기에는 능력이 부족하다.	1	2	3	4	5
10	나는 학생 생활지도를 하면서 교육적 효과가 보이지 않으면 내 책임인 것 같아 무력감을 느낀다.	1	2	3	4	5
11	학생의 다양한 문제행동에 대처할 때 나의 무능력함을 느껴 스스로 한심스러울 때가 많다.	1	2	3	4	5
12	나는 수업시간에 멍하니 앉아만 있는 학생을 보면 나에게 문제가 있는 것처럼 느껴져 우울해진다.	1	2	3	4	5
13	나는 예전과 달리 인내심을 잃고 과민하게 반응하는 일이 잦아졌다.	1	2	3	4	5
14	나는 과중하거나 의미 없는 행정업무에 치여 힘들다.	1	2	3	4	5
15	나는 나의 적성이나 여건과 상관없이 행정업무를 맡게 되어 심한 스트레스를 받는다.	1	2	3	4	5
16	나는 학교 행정업무를 해야 한다는 생각만으로도 아침에 출근하기가 싫다.	1	2	3	4	5
17	나는 내가 하고 있는 행정업무가 지겹고 신물이 난다.	1	2	3	4	5
18	나는 너무 힘들어서 교직을 그만두고 싶은 충동을 느낀다.	1	2	3	4	5
19	나는 교직에 대한 의욕이 없어져 내 적성에 맞는 일인지조차 의심스럽다.	1	2	3	4	5

20	나는 나의 직업에 대하여 좌절감을 느낀다.	1	2	3	4	5
21	나는 앞으로도 계속 교직생활 하는 것을 생각하면 막막하다.	1	2	3	4	5
22	나는 종종 내가 일하는 기계가 된 것 같은 기분이 든다.	1	2	3	4	5

저자 소개

- **육성필**

  서울상담심리대학원대학교 위기관리상담전공 교수, 마음건강연구소장
- **노미애**

  서울상담심리대학원대학교 마음건강연구소 전임연구원
- **신민영**

  서울상담심리대학원대학교 노인임상상담전공 교수
- **이건희**

  서울상담심리대학원대학교 초빙교수

빌드업 스쿨: 교사학생의 효과적 의사소통

초판발행	2023년 12월 29일
지은이	육성필 · 노미애 · 신민영 · 이건희
펴낸이	노　현
편　집	김다혜
기획/마케팅	허승훈
표지디자인	이은지
제　작	고철민 · 조영환
펴낸곳	㈜ 피와이메이트
	서울특별시 금천구 가산디지털2로 53, 한라시그마밸리 210호(가산동)
	등록 2014. 2. 12. 제2018-000080호
전　화	02)733-6771
f a x	02)736-4818
e-mail	pys@pybook.co.kr
homepage	www.pybook.co.kr
I S B N	979-11-6519-462-8　93180

정　가　　10,000원

박영스토리는 박영사와 함께하는 브랜드입니다.